I0166264

L'EVANGILE

DU

JOUR.

TOME TROISIEME.

L'EVANGILE
DU JOUR
CONTENANT

A LONDRES
MDCCLXXVI.

LE MARSEILLOIS
ET LE LION.

Monsieur de St. Didier, Secrétaire perpétuel de l'Académie de Marseille, auteur du poëme de Clovis, s'amusa quelque tems avant sa mort à composer cette petite fable, dans laquelle on trouve quelques traits de la philosophie Anglaise. Ces traits sont en effet imités de la Fable des abeilles de Mandeville; mais tout le reste appartient à l'auteur Français. Comme il était de Marseille, il n'a pas manqué de prendre un Marseillois pour son héros. Nous avons fait imprimer ce petit ouvrage sur une copie très exacte.

Par feu Mr. de St. DIDIER, Secrétaire perpétuel de l'Académie de Marseille.

Dans les sacrés cahiers, méconnus des profânes,
Nous avons vu parler les serpens & les ânes:
Un serpent fit l'amour à la femme d'Adam; (a)

(a) *Un serpent.* Il est constant que le serpent parlait. La Genèse dit expressément, *qu'il était le plus rusé de tous les animaux.* La Genèse ne dit point que Dieu lui donnât alors la parole par un acte extraordinaire de sa toute-puissance pour séduire Eve; elle rapporte la conversation du serpent & de la femme, comme on raporte un entretien entre deux personnes qui se connaissent & qui

A

Un âne avec esprit gourmanda Balaam. (b)
Le grand parleur Homere, en vérités fertile,
Fit parler & pleurer les deux chevaux d'Achille. (c)
Les habitans des airs, des forets & des champs,

---

parlent la même langue. Cela même est si évident, que le Seigneur punit le serpent d'avoir abusé de son esprit & de son éloquence; il le condamne à se traîner sur le ventre, au lieu qu'auparavant il marchait sur ses pieds. Flavien Josephe dans ses antiquités, Philon, St. Bazile, St. Ephrem, n'en doutent pas. Le révérend pere Don Calmet, dont le profond jugement est reconnu de tout le monde, s'exprime ainsi. *Toute l'antiquité a reconnu les ruses du serpent; & on a cru qu'avant la malédiction de Dieu, cet animal était encore plus subtil qu'il ne l'est à présent. L'Ecriture parle de ses finesses en plusieurs endroits; elle dit qu'il bouche ses oreilles pour ne pas entendre la voix de l'enchanteur. Jesus-Christ, dans l'Evangile, nous conseille d'avoir la prudence du serpent.*

(b) *Un âne avec esprit.* Il n'en était pas ainsi de l'âne, ou de l'ânesse qui parla à Balaam. Il est vraisemblable que les ânes n'avaient point le don de la parole; car il est dit expressément que le Seigneur ouvrit la bouche de l'ânesse. Et même St. Pierre, dans sa seconde Epitre, dit, *que cet animal muet parla d'une voix humaine.* Mais remarquons que St. Augustin, dans sa 48 question, dit que Balaam ne fut point du tout étonné d'entendre parler son ânesse. Il en conclut que Balaam était accoutumé à entendre parler les autres animaux. Le révérend Pere Don Calmet avoue que la chose est très-ordinaire. L'âne de Bacchus, dit-il, le belier de Phryxus, le cheval d'Hercule, l'agneau de Bochoris, les bœufs de Sicile, les arbres même de Dodone, & l'ormeau d'Apollonius de Thyane, ont parlé distinctément. Voilà de grandes autorités, qui servent merveilleusement à justifier Mr. de St. Didier.

(c) *Fit parler & pleurer les deux chevaux d'Achille.* La remarque de Mad. Dacier, sur cet endroit d'Home-

Aux humains, chez Efope, enfeignent le bon fens.
Defcartes n'en eut point quand il les crut machines. (d)
Il raifonna beaucoup fur les œuvres divines;
Il en jugea fort mal, & noya fa raifon
Dans fes trois élémens au coin d'un tourbillon.
Le pauvre homme ignora, dans fa phyfique obfcure,
Et l'homme & l'animal, & toute la nature.
Ce romancier hardi dupa longtems les fots.
Laiffons là fa folie, & fuivons nos propos.
　Un jour un Marfeillois, trafiquant en Afrique,
Aborda le rivage où fut jadis Utique.
Comme il fe promenait dans le fond d'un vallon
Il trouva nez à nez un énorme lion
A la longue criniere, à la gueule enflammée,
Terrible & tout femblable au lion de Némée.

re, eft également importante & judicieufe. Elle appuie
beaucoup fur la fage conduite d'Homere; elle fait voir que
les chevaux d'Achille, Xanthe & Balie, fils de Podarge,
font d'une race immortelle, & qu'ayant déjà pleuré la
mort de Patrocle, il n'eft point du tout étonnant qu'ils
tiennent un long difcours à Achille. Enfin, elle cite
l'exemple de Balaam, auquel il n'y a rien à répliquer.

(d) *Defcartes n'en eut point quand il les crut machines.* Defcartes était certainement un bon géometre & un
homme de beaucoup d'efprit; mais toutes les nations favantes avouent qu'il abandonna la géométrie, qui devait ê-
tre fon guide, & qu'il abufa de fon efprit pour ne faire que
des romans. L'idée, que les animaux ont tous les organes du
fentiment pour ne point fentir, eft une contradiction ridicule. Ses tourbillons, fes trois élémens, fon fyftême fur la
lumiere, fon explication des refforts du corps humain, fes
idées innées, font regardés par tous les Philofophes comme des chimeres abfurdes. On convient que dans toute
fa phyfique il n'y a pas une vérité phyfique. Ce grand
exemple apprend aux hommes qu'on ne trouve ces vérités que dans les mathématiques & dans l'expérience.

Le plus horrible effroi saisit le voyageur.
Il n'était pas Hercule; & tout transi de peur
Il se mit à genoux, & demanda la vie.
Le monarque des bois, d'une voix radoucie,
Mais qui faisait encor trembler le Provençal,
Lui dit en bon français: ridicule animal,
Tu veux donc qu'aujourd'hui de souper je me passe?
Ecoute: j'ai dîné; je veux te faire grace,
Si tu peux me prouver qu'il est contre les loix.
Que le soir un lion soupe 'd'un Marseillois.
Le marchand, à ces mots, conçut quelque espérance.
Il avait eu jadis un grand fond de science;
Et pour devenir prêtre il apprit du latin;
(e) Il savait Rabelais & son Saint-Augustin.

(e) *Il savait Rabelais & St. Augustin.* Il est rapporté dans l'histoire de l'Académie, que La Fontaine demanda à un Docteur s'il croyait que St. Augustin eût autant d'esprit que Rabelais, & que le Docteur répondit à La Fontaine, *prenez garde, Monsieur, vous avez mis un de vos bas à l'envers;* ce qui était vrai.

Ce Docteur était un sot. Il devait convenir que St. Augustin & Rabelais avaient tous deux beaucoup d'esprit; & que le Curé de Meudon avait fait un mauvais usage du sien. Rabelais était profondément savant, & tournait la science en ridicule : St. Augustin n'était pas si savant, il ne savait ni le Grec, ni l'Hebreu ; mais il employa ses talens & son éloquence à son respectable Ministere. Rabelais prodigua indignement les ordures les plus basses : St. Augustin s'égara dans des explications mystérieuses, que lui-même ne pouvait entendre. On est étonné qu'un orateur tel que lui ait dit dans son sermon sur le Pseaume six :

„ Il est clair & indubitable que le nombre de quatre a
„ rapport au corps humain à cause des quatres élémens &
„ des quatre qualités dont il est composé, savoir le chaud
„ & le froid, le sec & l'humide. C'est pourquoi aussi Dieu
„ a voulu qu'il fût soumis à quatre différentes saisons, sa-
„ voir l'Eté, le Printems, l'Automne & l'Hyver. — Comme
„ le nombre de quatre a rapport au corps, le nombre

D'abord il établit, felon l'ufage antique,
Quel eft le droit divin du pouvoir monarchique:
Qu'au plus haut des degrés des êtres inégaux

„ de trois a rapport à l'ame ; parce que Dieu nous ordon-
„ ne de l'aimer d'un triple amour, favoir de tout notre
„ cœur, de toute notre ame, & de tout notre efprit.

„ Lors donc que les deux nombres de quatre & de trois,
„ dont le premier a rapport au corps, c'eft-à-dire, au vieil
„ homme & au vieux Teftament, & le fecond a rapport
„ à l'ame, c'eft-à-dire, au nouvel homme & au nouveau
„ Teftament, feront paffés & écoulés, comme le nombre
„ de fept jours paffe & s'écoule, parce qu'il n'y a rien qui
„ ne fe faffe dans le tems, & par la diftribution du nom-
„ bre quatre au corps, & du nombre de trois à l'ame,
„ lors, dis je, que ce nombre de fept fera paffé, on
„ verra arriver le huitieme, qui fera celui du jugement.

Plufieurs favans ont trouvé mauvais qu'en voulant concilier les deux généalogies différentes données à St. Jofeph,
l'une par St. Matthieu, & l'autre par St. Luc, il dife dans
fon Sermon 51. *qu'un fils peut avoir deux peres, puifqu'un pere peut avoir deux enfans.*

On lui a encore reproché d'avoir dit dans fon livre contre les Manichéens, que les puiffances céleftes fe dégui-
faient, ainfi que les puiffances infernales, en beaux gar-
çons & en belles filles pour s'accoupler enfemble, &
d'avoir imputé aux Manichéens cette théurgie impure,
dont ils ne furent jamais coupables.

On a relevé plufieurs de fes contradictions. Ce grand Saint
était homme; il a fes faibleffes, fes erreurs, fes défauts,
comme les autres Saints. Il n'en eft pas moins vénérable; &
Rabelais n'eft pas moins un bouffon groffier, un imperti-
nent dans les trois quarts de fon livre, quoi qu'il ait été
l'homme le plus favant de fon temps, éloquent, plaifant,
& doué d'un vrai génie. Il n'y a pas fans doute de comparaifon a faire entre un pere de l'Eglife très vénérable &
Rabelais; mais on peut très-bien demander lequel avait
plus d'efprit. Et un bas à l'envers n'eft pas une réponfe.

L'homme eft mis pour régner fur tous les animaux :(f)
Que la terre eft fon trône ; & que dans l'étendue ,
Les aftres font formés pour réjouïr fa vuë.
Il conclut qu'étant Prince, un fujet Africain
Ne pouvait fans péché manger fon Souverain.
Le lion , qui rit peu, fe mit pourtant à rire ;
Et voulant par plaifir connaître cet empire,
En deux grands coups de griffe il dépouilla tout nu
De l'univers entier le monarque abfolu.
   Il vit que ce grand Roi lui cachait fous le linge
Un corps faible monté fur deux feffes de finge,
A deux minces talons deux grands pieds attachés
Par cinq doigts fuperflus dans leur marche empêchés ;
Deux mammelles fans lait, fans grace, fans ufage ;
Un crâne étroit & creux couvrant un plat vifage,
Triftement dégarni du tiffu de cheveux
Dont la main d'un barbier coëffa fon front craffeux.
Tel était en effet ce Roi fans diadême,
Privé de fa parure & réduit à lui-même.
Il fentit qu'en effet il devait fa grandeur
Au fil d'un perruquier, aux cifeaux d'un tailleur.
Ah ! dit-il au lion, je vois que la nature
Me fait faire en ce monde une trifte figure :

(f) *L'homme eft mis pour régner.* Dans le Spectacle de
la nature, Monfieur le Prieur de Jonval , qui d'ailleurs eft
un homme fort eftimable, pretend que toutes les bêtes,
ont un profond refpect pour l'homme. Il eft pourtant fort,
vraifemblable que les premiers ours & les premiers tigres
qui rencontrerent les premiers hommes , leur témoi-
gnerent peu de vénération, fur-tout s'ils avaient faim.
   Plufieurs peuples ont cru très férieufement que les étoi-
les n'étaient faites que pour éclairer les hommes pendant la
nuit. Il a fallu bien du tems pour détromper notre orgueil
& nôtre ignorance. Mais auffi plufieurs Philofophes, &
Platon entr'autres, ont enfeigné que les aftres étaient des,
Dieux. St. Clément d'Alexandrie & Origene ne doutent
pas qu'ils n'aient des ames capables de bien & de mal. Ce
font des chofes très-curieufes & très-inftructives.

Je pensais être Roi ; j'avais certes grand tort :
Vous êtes le vrai maître en étant le plus fort.
Mais songez qu'un héros doit dompter sa colere.
Un Roi n'est point aimé s'il n'est pas débonnaire.
Dieu, comme vous savez, est au-dessus des Rois :
Jadis en Arménie il vous donna des loix,
Lorsque dans un grand coffre à la merci des ondes,
Tous les animaux purs, ainsi que les immondes,
Par Noé, mon ayeul, enfermés si longtems, (g)
Respirerent enfin l'air natal de leurs champs,
Dieu fit avec eux tous une étroite alliance,
Un pacte solemnel..... Oh ! la platte impudence!
As-tu perdu l'esprit par excès de frayeur?
Dieu, dis-tu, fit un pacte avec nous?... Oui, Seigneur.
Il vous recommanda d'être clément & sage,
De ne toucher jamais à l'homme son image ; (h)

(g) *Par Noé mon ayeul.* Il faut pardonner au lion s'il ne connaissait pas Noé. Les Juifs sont les seuls qui l'aient jamais connu. On ne trouve ce nom chez aucun autre peuple de la terre. Sanchoniaton n'en a point parlé. S'il en avait dit un mot, Eusebe son abréviateur en aurait pris un grand avantage. Ce nom ne se trouve point dans le Zenda-Vesta de Zoroastre. Le Sadder, qui en est l'abrégé, ne dit pas un seul mot de Noé. Si quelque auteur Egyptien en avait parlé, Flavien Josephe, qui rechercha si exactement tous les passages des livres Egyptiens qui pouvaient déposer en faveur des antiquités de sa nation, se serait prévalu du témoignage de ces auteurs. Noé fut entierement inconnu aux Grecs ; il le fut également aux Indiens & aux Chinois. Il n'en est parlé ni dans le Védam, ni dans le Shasta, ni dans les cinq Kings ; & il est très remarquable que lui & ses ancêtres aient été également ignorés du reste de la terre.

(h) *De ne toucher jamais à l'homme son image.* Au Chap. IX. de la Genese, verset 10 & suivans, le Seigneur fait un pacte avec les animaux, tant domestiques que de la campagne. Il défend aux animaux de tuer les hommes ; il dit qu'il en tirera vengeance, parce que l'homme est son image. Il défend de-même à la race de Noé de manger du

A 4

Et fi vous me mangez, l'Eternel irrité
Fera payer mon fang à votre Majefté.....
    Toi, l'image de Dieu! toi, magot de Provence!
Conçois-tu bien l'excès de ton impertinençe?
Montre l'original de mon paête avec Dieu.
Par qui fut-il écrit? en quel tems? dans quel lieu? (*l*)
Je vais t'en montrer un, plus fûr, plus véritable.
De mes quarante dents voi la file effroiable, (*k*)

─────────────────────────

fang des animaux mêlé avec de la chair. Les animaux font
prefque toujours traités dans la loi Juive à peu près comme
les hommes. Les uns & les autres doivent être également
en repos le jour du Sabat (Exode Chap. XXIII.) Un
taureau qui a frappé un homme de fa corne eft puni de
mort (Exode Chap. XXI.) Une bête qui a fervi de fuc-
cube ou d'incube à une perfonne, eft auffi mife à mort (Le-
vit. Chap. XX.) Il eft dit que l'homme n'a rien de plus
que la bête (Eccléfiafte Chap. III. & XIX.) Dans les
plaies d'Egypte les premiers-nés des hommes & des
animaux font également frappés (Exode Chap XII. &
XIII.) Quand Jonas prêche la pénitence à Ninive, il fait
jeûner les hommes & les animaux. Quand Jofué prend
Jérico, il extermine également les bêtes & les hommes.
Tout cela prouve évidemment, que les hommes & les
bêtes étaient regardés comme deux efpeces du même
genre. Les Arabes ont encore le même fentiment. Leur
tendreffe exceffive pour leurs chevaux & pour leurs
gazelles en eft un témoignage affez connu.

(*i*) *Par qui fut-il écrit?* Le grand Newton, Samuel
Clarck, prétendent que le Pentateuque fut écrit du temps
de Saül. D'autres favans hommes penfent que ce fut fous
Ozias ; mais il eft décidé que Moyfe en eft l'auteur, malgré
toutes les vaines objeêtions fondées fur les vraifemblan-
ces, & fur la raifon qui trompe fi fouvent les hommes.

(*k*) *De mes quarante dents.* Ceux qui ont écrit l'hiftoire naturelle auraient bien dû compter les dents des lions;
mais ils ont oublié çette particularité auffi bien qu'Ariftote.

Ces ongles, dont un feul te pourrait déchirer,
Ce gofier écumant prêt à te dévorer,
Cette gueule, ces yeux dont jailliffent des flammes;
Je tiens ces heureux dons du Dieu que tu réclames.
Il ne fait rien en vain : te manger eft ma loi;
C'eft là le feul traité qu'il ait fait avec moi.
Ce Dieu, dont mieux que toi je connais la prudence,
Ne donne pas la faim pour qu'on faffe abftinence.
Toi-même as fait paffer fous tes chétives dents
D'imbécillés dindons, des moutons innocens,
Qui n'étaient pas formés pour être ta pâture.
Ton débile eftomac, honte de la nature,
Ne pourrait feulement, fans l'art d'un cuifinier,
Digérer un poulet, qu'il faut encor payer.
Si tu n'as point d'argent, tu jeûnes en hermite;
Et moi, que l'appétit en tout temps follicite,
Conduit par la nature, attentif à mon bien,
Je puis t'avaler crud fans qu'il m'en coûte rien.
Je te digérerai fans faute en moins d'une heure.
Le pacte univerfel eft qu'on naiffe & qu'on meure.
Appren qu'il vaut autant, raifonneur de travers,
Etre avalé par moi que rongé par les vers....
    Sire, les Marfeillois ont une ame immortelle.
Ayez dans vos repas quelque refpect pour elle.
    La mienne, apparemment, eft immortelle auffi.
Va, de ton efprit gauche elle a peu de fouci.
Je ne veux point manger ton ame raifonneufe;
Je cherche une pâture & moins fade & moins creufe:
C'eft ton corps qu'il me faut; je le voudrais plus gras;
Mais ton ame, crois-moi, ne me tentera pas.....
    Vous avez fur ce corps une entiere puiffance.
Mais quand on a dîné, n'a-t-on point de clémence?
Pour gagner quelque argent j'ai quitté mon pays,
Je laiffe dans Marfeille une femme & deux fils;

Quand on parle d'un guerrier, il ne faut pas omettre fes
armes. Mr. de St. Didier, qui avait vu difféquer à Marfeille un lion nouvellement venu d'Afrique, s'affura
qu'il avait quarante dents.

Mes malheureux enfans, réduits à la misere,
Iront à l'hôpital si vous mangez leur pere.....
. Et moi, n'ai-je donc pas une femme à nourrir?
Mon petit lionceau ne peut encor courir,
Ni saisir de ses dents ton espece craintive.
Je lui dois la pâture; il faut que chacun vive.
Eh! pourquoi sortais-tu d'un terrein fortuné,
D'olives, de citrons, de pampres couronné?
Pourquoi quitter ta femme & ce pays si rare
Où tu fêtais en paix Magdeleine & Lazare? (1)

_____

(1) *Où tu fêtais en paix Magdeleine & Lazare?* Ce
lion paraît fort instruit ; & c'est encore une preuve de l'in-
telligence des bêtes. La Sainte Beaume, où se retira Sainte
Marie-Magdeleine, est fort connue : mais peu de gens sa-
vent à fond cette histoire. La Fleur des Saints peut en donner quelques notions; il faut lire son article Tome II. de
la Fleur des Saints, depuis la page 59. Ce fut Marie Magdeleine à qui deux Anges parlerent sur le Calvaire, & à qui
notre Seigneur parut en jardinier. Ribadéneira, le savant
auteur de la Fleur des Saints, dit expressément, que si cela
n'est pas dans l'Evangile, la chose n'est pas moins indubitable. Elle demeura, dit-il, dans Jérusalem auprès de la Vierge Marie avec son frere Lazare, que Jesus avait ressuscité,
& Marthe sa sœur, qui avait préparé le repas lorsque Jésus
avait soupé dans leur maison.

L'aveugle né nommé Célédonc, à qui Jésus donna la vue
en frotant ses yeux avec un peu de boue, & Joseph d'Arimathée, étaient de la société intime de Magdeleine. Mais
le plus considérable de ses amis fut le Docteur St. Maximin,
l'un des soixante & dix disciples.

Dans la premiere persécution, qui fit lapider St. Etienne, les Juifs se saisirent de Marie-Magdeleine, de Marthe,
de leur servante Marcelle, de Maximin leur directeur, de
l'aveugle né, & de Joseph d'Arimathée. On les embarqua
dans un vaisseau sans voiles, sans rames & sans mariniers.
Le vaisseau aborda à Marseille, comme l'atteste Baronius.
Dès que Magdeleine fut à terre, elle convertit toute la Provence. Le Lazare fut Evêque de Marseille; Maximin eut
l'Evêché d'Aix. Joseph d'Arimathée alla prêcher l'Evangi-

Dominé par le gain, tu viens dans mon canton.
Vendre, acheter, trocquer, être dupe & frippon;
Et tu veux qu'en jeûnant ma famille pâtisse
De ta sotte imprudence & de ton avarice?
Répon-moi donc, maraut..... Sire, je suis battu.
Vos griffes & vos dents m'ont assez confondu.
Ma tremblante raison cede en tout à la vôtre.
Oui, la moitié du monde a toujours mangé l'autre.
Ainsi Dieu le voulut; & c'est pour notre bien.
Mais, Sire, on voit souvent un malheureux chrétien
Pour de l'argent comptant, qu'aux hommes on préfere,
Se racheter d'un Turc, & payer un corsaire.
Je comptais à Tunis passer deux mois au plus;
A vous y bien servir mes vœux sont résolus;
Je vous ferai garnir votre charnier auguste
De deux bons moutons gras, valant vingt francs au juste.
Pendant deux mois entiers ils vous seront portés,
Par vos correspondans chaque jour présentés;
Et mon valet, chez vous, restera pour ôtage.....
    Ce pacte, dit le Roi, me plait bien davantage
Que celui dont tantôt tu m'avais étourdi.
Viens signer le traité; suis-moi chez le Cadi;
Donne des cautions: sois sûr, si tu m'abuses,
Que je n'admettrai point tes mauvaises excuses,
Et que sans raisonner tu seras étranglé,
Selon le droit divin dont tu m'as tant parlé.
    Le marché fut signé; tous les deux l'observerent,
D'autant qu'en le gardant tous les deux y gagnerent.
Ainsi, dans tous les temps, nos seigneurs les lions
Ont conclu leurs traités aux dépens des moutons.

---

le en Angleterre. Marthe fonda un grand couvent; Magdeleine se retira dans la Sainte Beaume, où elle brouta l'herbe
toute sa vie. Ce fut là que n'ayant plus d'habits, elle pria
toujours toute nue; mais ses cheveux crurent jusqu'à ses
talons, & les Anges venaient la peigner & l'enlever au
Ciel sept fois par jour, en lui donnant de la musique. On
a gardé longtems une fiole remplie de son sang & de
ses cheveux; & tous les ans, le jour du Vendredi saint
cette fiole a bouilli à vue d'œil. La liste de ses miracles avérés est innombrable.

LES
TROIS EMPÉREURS
EN SORBONNE.

Par Mr. l'Abbé CAILLE.

L'Héritier de Brunswick & le Roi des Danois,
Vous le favez, amis, ne font pas les feuls Princes
Qu'un defir curieux mena dans nos provinces,
Et qui des bons efprits ont réuni les voix.
Nous avons vu Trajan, Titus & Marc-Aurele,
Quitter le beau féjour de la gloire immortelle
Pour venir en fecret s'amufer dans Paris.
Quelque bien qu'on puiffe être, on veut changer de
    place.
C'eft pourquoi les Anglais fortent de leur pays.
L'efprit eft inquiet, & de tout il fe laffe.
Souvent un bienheureux s'ennuie en paradis.
   Le trio d'Empereurs, arrivé dans la ville,
Loin du monde & du bruit choifit fon domicile
Sous un toit écarté, dans le fond d'un fauxbourg,
Ils évitaient l'éclat; les vrais Grands le dédaignent.
Les galans de la Cour, & les beautés qui regnent,
Tous les gens du bel air ignoraient leur féjour.
A de femblables faints il ne faut que des fages;
Il n'en eft pas en foule. On en trouva pourtant,
Gens inftruits & profonds qui n'ont rien de pédant,
Qui ne prétendent point être des perfonnages,
Qui, des fots préjugés paifiblement vainqueurs,
D'un regard indulgent contemplent nos erreurs,
Qui, fans craindre la mort, favent goûter la vie,
Qui ne s'appellent point *la bonne compagnie*,
Qui la font en effet. Leur efprit & leurs mœurs
Réuffiffent beaucoup chez les trois Empereurs.
A leur petit couvert chaque jour ils fouperent.

Moins ils cherchaient l'esprit, & plus ils en montrerent.
Tous charmés l'un de l'autre ils étaient bien surpris
D'être sur tous les points toujours du même avis.
Ils ne perdirent point leurs momens en visites ;
Mais on les rencontrait aux arsenaux de Mars,
Chez Clio, chez Minerve, aux atteliers des arts.
Ils les encourageaient en pesant leurs mérites.
    On conduisit bientôt nos nouveaux curieux
Aux chefs-d'œuvre brillants d'Adromaque & d'Ar-
    mide,
Qu'ils préféraient aux jeux du Cirque & de l'Elide.
Le plaisir de l'esprit passe celui des yeux.
    D'un plaisir différent nos trois Césars jouirent,
Lorsqu'à l'observatoire un verre industrieux
Leur fit envisager la structure des cieux,
Des cieux qu'ils habitaient & dont ils descendirent.
    Delà, près d'un beau pont, que bâtit autrefois
Le plus grand des Henris, & peut-être des Rois,
Marc-Aurele apperçut ce bronze qu'on révere,
Ce Prince, ce héros célébré tant de fois,
Des Français inconstant le vainqueur & le pere,
Le voilà, disaient-ils, nous le connaissons tous ;
Il boit au haut des cieux le nectar avec nous.
Un des sages leur dit : Vous savez son histoire ;
On adore aujourd'hui sa valeur, sa bonté ;
Quand il était au monde il fut persécuté.
Buri, même à présent, lui conteste sa gloire. (a)
Pour dompter la critique on dit qu'il faut mourir :
On se trompe ; & sa dent, qui ne peut s'assouvir,
Jusques dans le tombeau ronge notre mémoire.

_____

(a) *Buri même à présent lui conteste sa gloire.* On
dit qu'un écrivain, nommé Mr. de Buri, a fait une histoire
de Henri IV, dans laquelle ce héros est un homme très-médiocre. On ajoute qu'il y a dans Paris une petite secte, qui
s'éleve sourdement contre la gloire de ce grand homme.
Ces Messieurs sont bien cruels envers la patrie ; qu'ils son-
gent combien il est important qu'on regarde comme un ê-
tre approchant de la Divinité, un Prince qui exposa tou-

Après ces monumens si grands, si précieux,,
A leurs regards divins si dignes de paraître,
Sur de moindres objets ils baissèrent les yeux.
Ils voulurent enfin tout voir & tout connaître,
Les boulevards, la foire & l'opéra bouffon,
L'école où Loyola corrompit la raison,
Les quatres Facultés, & jusqu'à la Sorbonne.
Ils entrent dans l'étable, où les Docteurs fourés
Ruminaient Saint Thomas & prenaient leurs degrés.
Au séjour de l'*Ergo* Ribaudier en personne
Estropiait alors un discours en latin.
Quel latin, juste ciel ! les héros de l'Empire
Se mordaient les cinq doigts pour s'empêcher de rire.
Mais ils ne rirent plus quand un gros Augustin
Du Concile Gaulois lut tout haut les censures.
Il disait anathême aux nations impures
Qui n'avaient jamais su , dans leurs impiétés ,
Qu'auprès de l'Estrapade il fût des Facultés.
O morts ! s'écriait-il, vivez, dans les supplices, (b)
Princes, sages, héros, exemples des vieux tems,

---

jours sa vie pour sa nation, & qui voulut toujours la soula-
ger. Mais il avait des défauts ; mais il avait des faiblesses.
Oui, sans doute ; il était homme : mais béni soit celui qui a
dit que ses défauts étaient ceux d'un homme aimable, & ses
vertus celles d'un grand homme. Plus il fut la victime du
fanatisme, plus il doit être presque adoré par quiconque
n'est pas convulsionnaire.

Chaque nation, chaque Cour, chaque Prince, a besoin de
se choisir un patron pour l'admirer & pour l'imiter. Eh !
quel autre choisira-t-on que celui qui dégageait ses amis
aux dépens de son sang dans le combat de Fontaine-
Française, qui criait dans la victoire d'Ivry, *épargnez les
compatriotes*, & qui, au faîte de la puissance & de la gloire, disait à son Ministre, *je veux que le paysan ait une poule au pot tous les dimanches !*

(b) *O morts ! s'écriait-il, vivez dans les supplices.*
Il est nécessaire de dire au public, qui l'a oublié, qu'un

/ Vos fublimes vertus n'ont été que des vices,
/ Vos belles actions des péchés éclatans.

---

nommé Thibaudier principal du college Mazarin, & un ré-
gent nommé Cogé, s'étant avifés d'être jaloux de l'excellent livre moral de *Bélifaire*, cabalerent pendant un an
·pour le faire cenfurer par ceux qu'on appelle *Docteurs de
Sorbonne*. Au bout d'un an ils firent imprimer cette cenfure en latin & en français. Elle n'eft cependant ni françaife ni latine, le titre même eft un folécifme : *Cenfure de la
Faculté de Théologie contre le livre &c.* On ne dit point,
cenfure contre, mais, *cenfure de*. Le public pardonne
à la Faculté de ne pas favoir le français; on lui pardonne
moins de ne pas favoir le latin. *Determinatio Sacræ Fa-
cultatis in libellum*, eft une expreffion ridicule. *Determinatio* ne fe trouve ni dans Cicéron, ni dans aucun bon
auteur; *determinatio in*, eft un barbarifme infupportable ;
& ce qui eft encor. plus barbare, c'eft d'appeller *Bélifaire* un libelle en faifant un mauvais libelle contre lui.
    Ce qui eft encor plus barbare, c'eft de déclarer damnés
tous les grands hommes de l'antiquité qui ont enfeigné &
pratiqué la juftice. Cette abfurdité eft heureufement dé-
mentie par St. Paul, qui dit expreffément dans fon Epitre
aux Juifs tolérés à Rome : *Lorfque les Gentils , qui n'ont
point la loi , font naturellement ce que la loi commande,
n'ayant point notre loi , ils font loi à eux-memes.* Tous
les honnêtes gens de l'Europe & du Monde entier ont de
l'horreur & du mépris pour cette déteftable ineptie qui va
damnant toute l'antiquité. Il n'y a que des cuiftres fans raifon & fans humanité qui puiffent foutenir une opinion fi abominable & fi folle, défavouée même dans le fond de leur
cœur. Nous ne prétendons pas dire que les Docteurs de
Sorbonne font des cuiftres, nous avons pour eux une confidération plus diftinguée ; & nous les plaignons feulement
d'avoir figné un ouvrage qu'ils font incapables d'avoir fait,
foit en français, foit en latin.
    Remarquons, pour leur juftification, qu'ils fe font inti-
tulés dans le titre *facrée faculté* en langue latine, &
qu'ils ont eu la difcrétion de fupprimer en français ce
mot *facrée*.

Dieu livre , felon nous , à la gêne éternelle
Epiétete , Caton , Scipion l'Africain ,
Ce coquin de Titus l'amour du genre humain ,
Marc-Aurele , Trajan , le grand Henri lui-même ,
Tous créés pour l'enfer & morts fans facremens.
Mais parmi fes élus nous plaçons les Cléments (c)
Dont nous avons ici folemnifé la fête ;
De beaux rayons dorés nous ceignimes fa tête:

(c) *Mais parmi fes élus nous plaçons les Cléments.*
On ne peut trop répéter que la Sorbonne fit le panégyrique
du Jacobin Jacques Clément affaffin de Henri III , étudiant
en Sorbonne , & que d'une voix unanime elle déclara Henri
III déchu de tous fes droits à la Royauté , & Henri IV
incapable de régner.
Il eft clair que , felon les principes cent fois étalés alors
par cette Faculté , l'affaffin parricide Jacques Clément ,
qu'on invoquait publiquement alors dans les églifes , était
dans le Ciel au nombre des Saints , & que Henri III , Prince voluptueux , mort fans confeffion , était damné. On nous
dira peut-être que Jacques Clément mourut auffi fans confeffion. Mais il s'était confeffé , & même avait communié ,
l'avant-veille , de la main de fon prieur Bourgoin fon complice , qu'on dit avoir été Doéteur de Sorbonne , & qui fut
écartelé. Ainfi Clément , muni des facremens , fut non-feulement faint , mais martyr. Il avait imité St. Judas , non
pas Judas Ifcariot , mais Judas Maccabée ; Ste. Judith ,
qui coupait fi bien les têtes des amans avec lefquels elle
couchait ; St. Salomon ; qui affaffina fon frere Adonias ;
St. David , qui affaffina Urie , & qui en mourant ordonna
qu'on affaffinât Joab ; Ste. Jahel , qui affaffina le Capitaine
Sizara : St. Aod , qui affaffina fon Roi Eglon ; & tant d'autres faints de cette efpece. Jacques Clément était dans les
mêmes principes ; il avait la foi. On ne peut lui contefter
l'efpérance d'aller au paradis , au jardin. De la charité , il
en était dévoré , puifqu'il s'immolait volontairement pour
les rebelles. Il eft donc auffi fûr que Jacques Clément eft
fauvé , qu'il eft fûr que Marc-Aurele eft damné.

Ra-

Ravaillac & Damiens, s'ils font de vrais croyans, (d)
S'ils font bien confeffés, font fes heureux enfans :
Un Fréron bien huilé verra Dieu face à face ; (e)
Et Turenne amoureux, mourant pour fon pays,
Brûle éternellement chez les anges maudits.
Tel eft notre plaifir ; telle eft la loi de Grace.
  Les divins voyageurs étaient bien étonnés
De fe voir en Sorbonne & de s'y voir damnés.
Les vrais amis de Dieu répriment leur colere.
Marc-Aurele lui dit d'un ton très débonnaire : (f)

(d) *Ravaillac &c.* Selon les mêmes principes Ravaillac doit être dans le paradis, dans le jardin ; &
Henri IV dans l'enfer qui eft fous terre : car Henri IV
mourut fans confeffion, & il était amoureux de la Princeffe de Condé. Ravaillac, au contraire, n'était point
amoureux, & il fe confeffa à deux Docteurs de Sorbonne. Voyez quelles douces confolations nous fournit
une théologie qui damme à jamais Henri IV, & qui fait
un élu de Ravaillac & de fes femblables. Avouons les
obligations que nous avons à Ribaudier de nous avoir
développé cette doctrine.

(e) *Un Fréron bien huilé.* Mr. l'Abbé Caille a fans
doute accollé ces deux noms pour produire le contraste le plus ridicule. On appelle communément à Paris
un *Fréron*, tout gredin infolent, tout poliçon qui fe
mêle de faire de mauvais libelles pour de l'argent ; &
Mr. l'Abbé Caille oppofe un de ces faquins de la lie du
peuple, qui reçoit l'extrême onction fur fon grabat, au
grand Turenne qui fut tué d'un coup de canon fans le
fecours des faintes huiles ; dans le temps qu'il était
amoureux de Madame de Coëtquen. Cette note ren-
tre dans la précédente, & fert à confirmer l'opinion
théologique, qui accorde la poffeffion du jardin au dernier malotru couvert d'infamie, & qui la refufe aux plus
grands-hommes & aux plus vertueux de la terre.

(f) *Marc-Aurele lui dit.* On invite les lecteurs at-

Vous ne connaiffez pas les gens dont vous parlez;
Les Facultés par fois font affez mal inftruites
Des fecrets du Très-Haut, quoiqu'ils foient révélés;
Dieu n'eft ni fi méchant, ni fi fot que vous dites.
Ribaudier à ces mots roulant un œil hagard,

tentifs à relire quelques maximes de l'Empereur Antonin, & à jetter les yeux, s'ils le peuvent, fur la cenfure *contre Bélifaire.* Ils trouveront, dans cette cenfure, des diftinctions fur la foi & fur la loi, fur la grace
prévenante, fur la prédeftination abfolue; & dans
Marc Antonin, ce que la vertu a de plus fublime & de
plus tendre. On fera peut-être un peu furpris que de
petits Welches, inconnus aux honnêtes gens, aient
condamné dans la rue des Maçons ce que l'ancienne
Rome adora, & ce qui doit fervir d'exemple au monde entier. Dans quel abîme fommes nous defcendus!
la nouvelle Rome vient de canonifer un capucin nommé Cucufin, dont tout le mérite, à ce que rapporte le
procès de la canonifation, eft d'avoir eu des coups de
pied dans le cu, & d'avoir laiffé répandre un œuf frais fur
fa barbe; l'Ordre des capucins a dépenfé quatre cens
mille écus aux dépens des peuples, pour célébrer dans
l'Europe l'apothéofe de Cucufin fous le nom de faint Sé-
raphin: & Ribaudier damne Marc-Aurele! O Ribau-
diers, la voix de l'Europe commence à tonner contre
tant de fotifes.

Lecteur éclairé & judicieux, (car je ne parle pas aux
bégueules imbécilles qui n'ont lu que l'*Année fainte*
de Le Tourneux, ou le *Pédagogue chrétien*), de grace, apprenez à vos amis quelle eft l'énorme diftance des
offices de Cicéron, du manuel d'Epictete, des maximes
de l'Empereur Antonin, à tous les plats ouvrages de morale écrits dans nos jargons modernes, bâtards de la langue Latine, & dans les effroyables jargons du Nord.
Avons-nous feulement, dans tous les livres faits depuis
fix cents ans, rien de comparable à une page de Séne-
que? Non, nous n'avons rien qui en approche; & nous
ofons nous élever contre nos maîtres!

Dans des convulfions dignes de Saint-Médard,
Nomma le demi-Dieu déifte, athée, impie,
Hérétique, ennemi du trône & de l'autel;
Et lui fit intenter un procès criminel.
    Les Romains cependant fortent de l'écurie.
Mon Dieu, difait Titus, ce Monfieur Ribaudier
Pour un Docteur Français me femble bien groffier.
Nos fages rougiffaient pour l'honneur de la France;
Pardonnez, dit l'un d'eux, à tant d'extravagance;
Nous n'affiftons jamais à ces belles leçons;
Nous nous fommes mépris; Ribaudier nous étonne;
Nous penfions en effet vous mener en Sorbonne,
Et l'on vous a conduits aux petites maifons.

L E T T R E

D E

Mr. LE MARQUIS D'ARGENCE,

BRIGADIER DES ARMÉES DU ROI.

J'Ai lu dans une Feuille, mon vertueux ami, intitulée *L'Année Littéraire*, une fatyre à l'occafion de la juftice rendue à la famille des *Calas* par
le Tribunal fuprême de Meffieurs les Maîtres des
Requêtes; elle a indigné tous les honnêtes gens;
on m'a dit que c'eft le fort de ces Feuilles.
    L'Auteur, par une rufe à laquelle perfonne
n'eft jamais pris, feint qu'il a reçu de Languedoc
une lettre d'un Philofophe Proteftant; il fait dire
à ce prétendu Philofophe, que fi on avait jugé
les *Calas* fur une lettre de Mr. *de Voltaire*, qui a
couru dans l'Europe, on aurait eu une fort mauvaife idée de leur caufe. L'Auteur des Feuilles
n'ofe pas attaquer Meffieurs les Maîtres des Requê-

B 2

tes directement ; mais il semble espérer que les traits qu'il porte à Mr. *de Voltaire*, retomberont sur eux, puisque Mr. *de Voltaire* avait agi sur les mêmes preuves.

Il commence par vouloir détruire la présomption favorable que tous les Avocats ont si bien fait valoir, qu'il n'est pas naturel qu'un pere assassine son fils, sur le soupçon que ce fils veut changer de Religion. Il oppose à cette probabilité, reconnue de tout le monde, l'exemple de *Junius Brutus*, qu'on prétend avoir condamné son fils à la mort. Il s'aveugle au point de ne pas voir que *Junius Brutus* était un Juge qui sacrifia, en gémissant, la nature à son devoir. Quelle comparaison entre une sentence sévere & un assassinat exécrable ! entre le devoir & un parricide ! & quel parricide encore ! Il fallait, s'il eût été en effet exécuté, que le pere & la mere, un frere & un ami, en eussent été également coupables.

Il pousse la démence jusqu'à oser dire, que si les fils de *Jean Calas* ont assuré qu'il n'y eut *jamais de pere plus tendre & plus indulgent, & qu'il n'avait jamais battu un seul de ses enfans*, c'est plutôt une preuve de simplicité de croire cette déposition, qu'une preuve de l'innocence des accusés.

Non, ce n'est pas une preuve juridique complette, mais c'est la plus grande des probabilités ; c'est un motif puissant d'examiner ; & il ne s'agissait alors, pour Mr. *de Voltaire*, que de chercher des motifs qui le déterminassent à entreprendre une affaire si intéressante, dans laquelle il fournit depuis des preuves complettes, qu'il fit recueillir à Toulouse.

Voici quelque chose de plus révoltant encore. Mr. *de Voltaire*, chez qui je passai trois mois auprès de Geneve lorsqu'il entreprit cette affaire, exigea, avant de s'y exposer, que Mde. *Calas*, qu'il savait être une Dame très religieuse, jurât, au nom du Dieu qu'elle adore, que ni son mari ni elle n'étaient coupables. Ce serment était du plus grand poids; car il n'était pas poſſible que Mde. *Calas* fît un faux ferment, pour venir à Paris s'expoſer au ſupplice: elle était hors de cauſe; rien ne la forçait à faire la démarche hazardeuſe de recommencer un procès criminel, dans laquelle elle aurait pu ſuccomber. L'Auteur des Feuilles ne ſait pas ce qu'il en coûterait, à un cœur qui craint Dieu, de ſe parjurer; il dit que c'eſt là un mauvais raiſonnement, *que c'eſt comme ſi quelqu'un aurait interrogé un des Juges qui condamnèrent Calas*, *&c.*

Peut-on faire une comparaiſon auſſi abſurde? Sans doute le Juge fera ferment qu'il a jugé ſuivant ſa conſcience; mais cette conſcience peut avoir été trompée par de faux indices, au lieu que Mde. *Calas* ne ſaurait ſe tromper ſur le crime qu'on imputait alors à ſon mari, & même à elle. Un accuſé ſait très bien dans ſon cœur s'il eſt coupable ou non; mais le Juge ne peut le ſavoir que par des indices ſouvent équivoques. Le faiſeur de Feuilles a donc raiſonné avec autant de ſottiſe que de malignité; car je dois appeller les choſes par leur nom.

Il oſe nier qu'on ait cru dans le Languedoc, que les Proteſtans ont *un point de leur ſecte qui leur permet de donner la mort à leurs enfans qu'ils ſoupçonnent vouloir changer de Religion*, *&c.* ce ſont les parole de ce folliculaire.

Il ne ſait donc pas que cette accuſation fut ſi publique & ſi grave, que Mr. *Sudre*, fameux Avocat de Touloufe, dont nous avons un excellent Mémoire en faveur de la famille *Calas*, réfute cette erreur populaire, pag. 59, 60 & 61 de ſon Factum. Il ne ſait donc pas que l'Egliſe de Geneve fut obligée d'envoyer à Touloufe une proteſtation ſolemnelle contre une ſi horrible accuſation.

Il oſe plaiſanter, dans une affaire auſſi importante, ſur ce qu'on écrivait à l'ancien Gouverueur du Languedoc & à célui de Provence, pour obtenir, par leur crédit, des informations ſur leſquelles on pût compter: que pouvait-on faire de plus ſage?

B 3

Je ne dirai rien des petites fottifes littéraires que cet homme ajoute dans fa miférable Feuille. L'innocence des *Calas*, l'Arrêt follemnel de Meffieurs les Maîtres des Requêtes, font trop refpectables pour que j'y mêle des objets fi vains. Je fuis feulement étonné qu'on fouffre dans Paris une telle infolence, & qu'un malheureux, qui manque à la fois à l'humanité & au refpect qu'il doit au Confeil, abufe impunément, jufqu'à ce point, du mépris qu'on a pour lui,

Je demande pardon à Mr. *de Voltaire* d'avoir mêlé ici fon nom avec celui d'un homme tel que *Fréron*; mais puifqu'on fouffre à Paris que les écrivains (les plus deshonorés) outragent le mérite le plus reconnu, j'ai cru qu'il était permis à un militaire, que l'honneur anime, de dire ce qu'il penfe; & j'en fuis fi perfuadé, que vous pouvez, mon cher Philofophe, faire part de mes réflexions à tous ceux qui aiment la vérité.

Vous favez à quel point je vous fuis attaché.

D A R G E N C E.

Au Château de Dirac, *ce* 20 *Juillet* 1765.

L E T T R E

DE Mr. DE VOLTAIRE,

A

Mr. LE MARQUIS DARGENCE.

24. *Augufti* 1765.

LA Lettre que vous avez daigné écrire, Mr. le Marquis, eft digne de votre cœur & de votre raifon fupérieure. Vous m'avez appris l'infolente

baſſeſſe de *Fréron*, que j'ignorais. Je n'ai jamais
lu ſes feuilles; le hazard, qui vous en a fait tomber
une entre les mains, ne m'a jamais ſi mal ſervi;
mais vous avez tiré de l'or de ſon fumier, en con-
fondant ſes calomnies.

Si cet homme avait lu la lettre que Madame *Calas* écrivit de la retraite où elle était mourante, &
dont on la tira avec tant de peine; s'il avait vu
la candeur, la douleur, la réſignation qu'elle mettait dans le récit du meurtre de ſon fils & de ſon
mari, & cette vérité irréſiſtible avec laquelle elle
prenait Dieu à témoin de ſon innocence; je ſais
bien qu'il n'en aurait pas été touché, mais il aurait
entrevu que les cœurs honnêtes devaient en être
attendris & perſuadés.

> Ce n'eſt pas aux tyrans à ſentir la nature.
> Ce n'eſt pas aux frippons à ſentir la vertu.

Quant à M. le Maréchal de *Richelieu* & à Mr.
le Duc de *Villars*, dont il tâche, dites-vous, d'a-
vilir la protection & de recuſer le témoignage,
il ignore que c'eſt chez moi qu'ils virent le fils de
Madame *Calas*, que j'eus l'honneur de leur préſenter, & qu'aſſurément ils ne l'ont protégé qu'en con-
naiſſance de cauſe, après avoir longtems ſuſpendu
leur jugement, comme le doit tout homme ſage
avant de décider.

Pour Meſſieurs les Maîtres des Requêtes, c'eſt
à eux de voir ſi, après leur jugement ſouverain,
qui a conſtaté l'innocence de la famille *Calas*, il
doit être permis à un *Fréron* de la révoquer en
doute.

Je vous embraſſe avec tendreſſe, & je vous aime autant que je vous reſpecte.

REPONSE

DE Mr. DE VOLTAIRE

A Mr. L'ABBE' D'OLIVET,

Sur la *nouvelle édition de la Profodie.*

à *Ferney*, 5. *Janvier* 1767.

---

*C*Her *Doyen de l'Académie,*
  Vous vites de plus heureux temps;
Des neuf fœurs la troupe endormie
Laiffe repofer les talens:
Notre gloire eft un peu flétrie,
Ramenez - nous, fur vos vieux ans,
Et le bon goût & le bon fens
Qu'eut jadis ma chere patrie.

Dites-moi fi jamais vous vites dans aucun bon auteur de ce grand fiecle de Louïs XIV. le mot de *vis-à-vis* employé une feule fois pour fignifier *envers, avec, à l'égard?* Y en a-t-il un feul qui ait dit *ingrat vis-à-vis de moi*, au lieu d'*ingrat envers moi*; *Il fe ménageait vis-à-vis fes rivaux*, au lieu de dire *avec fes rivaux*; *Il était fier vis-à-vis de fes fupérieurs*, pour *fier avec fes fupérieurs*, &c? enfin ce mot de *vis-à-vis*, qui eft très-rarement jufte, & jamais noble, inonde aujourd'hui nos livres, & la cour, & le barreau, & la fociété; car dès qu'une expreffion vicieufe s'introduit, la foule s'en empare.

Dites-moi fi Racine a *perfiflé* Boileau? fi Boffuet a *perfiflé* Pafcal? & fi l'un & l'autre ont *myftifié* La Fontaine en abufant quelquefois de fa fimplicité? Avez-vous jamais dit que Cicéron écrivait *au parfait*; que *la coupe* des tragédies de Racine était heureufe? On va jufqu'à imprimer

que les Princes font quelquefois mal *éduqués*. Il
paraît que ceux qui parlent ainfi ont reçu eux-
mêmes une fort mauvaife éducation. Quand Boffuet, Fénelon, Péliffon, voulaient exprimer qu'on
fuivait fes anciennes idées, fes projets, fes engage-
mens, qu'on travaillait fur un plan propofé, qu'on
rempliffait fes promeffes, qu'on reprenait une affaire, &c. ils ne difaient point, J'ai fuivi mes *erremens*, j'ai travaillé fur mes *erremens*.

Errement a été fubftitué par les Procureurs au
mot *erres*, que le peuple emploie au lieu d'*arrhes*:
arrhes fignifie *gage*. Vous trouvez ce mot dans la
tragi-comédie de Pierre Corneille, intitulée *Don
Sanche d'Arragon*.

*Ce préfent donc renferme un tiffu de cheveux
Que reçut Don Fernand pour arrhes de mes vœux.*

Le peuple de Paris a changé *arrhes* en *erres*;
des *erres* au coche: donnez-moi des *erres*. Delà
erremens; & aujourd'hui je vois que, dans les difcours les plus graves, le Roi a fuivi fes derniers
erremens vis-à-vis des rentiers.

Le ftyle barbare des anciennes formules commence à fe glifler dans les papiers publics. On imprimé que Sa Majefté *aurait* reconnu qu'une telle
province *aurait* été endommagée par des inonda-
tions.

En un mot, Monfieur, la langue paraît s'altérer
tous les jours; mais le ftyle fe corrompt bien davantage: on prodigue les images, & les tours de la
poëfie, en phyfique; on parle d'anatomie en ftyle
empoulé: on fe pique d'employer des expreffions
qui étonnent parce qu'elles ne conviennent point
aux penfées.

C'eft un grand malheur, il faut l'avouer, que,
dans un livre rempli d'idées profondes, ingénieu-
fes & neuves, on ait traité du fondement des loix
en épigrammes. La gravité d'une étude fi importante devait avertir l'auteur de refpecter davantage

B 5

fon fujet; & combien a-t-il fait de mauvais imita
teurs, qui, n'ayant pas fon génie, n'ont pu copi
que fes défauts?

Boileau, il eft vrai, a dit après Horace:

Heureux, qui, dans fes vers, fait, d'une voix légere
Paffer du gravé au doux, du plaifant au févere.

Mais il n'a pas prétendu qu'on mélangeât tous l
ftyles. Il ne voulait pas qu'on mît le mafque de
Thalie fur le vifage de Melpomene, ni qu'o
prodiguât les grands mots dans les affaires les plus
minces. Il faut toujours conformer fon ftyle à
fon fujet.

Il m'eft tombé entre les mains l'annonce imprimée d'un marchand, de ce qu'on peut envoyer de
Paris en Province pour fervir fur table. Il commence par un éloge magnifique de l'agriculture &
du commerce; il pefe, dans fes balances d'épicier,
le mérite du Duc de Sully, & du grand Minis-
ftre Colbert: & ne penfez pas qu'il s'abaiffe à citer le nom du Duc de Sully; il l'appelle *l'ami de
Henry IV* : & il s'agit de vendre des fauciffons
& des harangs frais! Cela prouve au moins que le
goût des belles-lettres a pénétré dans tous les états;
il ne s'agit plus que d'en faire un ufage raifonnable: mais on veut toujours mieux dire qu'on ne
doit dire, & tout fort de fa fphere.

Des hommes, même de beaucoup d'efprit, ont
fait des livres ridicules, pour vouloir avoir trop
d'efprit. Le jéfuite Caftel, par exemple, dans la
mathématique univerfelle, veut prouver que, fi le
globe de Saturne était emporté par une comete
dans un autre fyftême folaire, ce ferait le dernier
de fes fatellites que la loi de la gravitation met-
trait à la place de Saturne. Il ajoute à cette bizar-
re idée, que la raifon pour laquelle le fatellite le
plus éloigné prendrait cette place, c'eft que les
Souverains éloignent d'eux, autant qu'ils le peuvent, leurs héritiers préfomptifs.

Cette idée ferait plaisante & convenable dans la bouche d'une femme, qui, pour faire taire des philosophes, imaginerait une raison comique d'une chose dont ils chercheraient la cause en vain. Mais que le mathématicien fasse ainsi le plaisant quand il doit instruire, cela n'est pas tolérable.

Le déplacé, le faux, le gigantesque, semblent vouloir dominer aujourd'hui; c'est à qui renchérira sur le siecle passé. On appelle de tous côtés les passans pour leur faire admirer des tours de force qu'on substitue à la démarche simple, noble, aisée, décente des Pélissons, des Fénelons, des Bossuets, des Massillons. Un charlatan est parvenu jusqu'à dire dans je ne sais quelles lettres, en parlant de l'angoisse & de la passion de Jesus-Christ, que si Socrate mourut en sage, Jesus-Christ *mourut en Dieu*: comme s'il y avait des Dieux accoutumés à la mort; comme si on savait comment ils meurent; comme si une sueur de sang était le caracte-re de la mort de Dieu; enfin, comme si c'était Dieu qui fût mort.

On descend d'un style violent & effréné au fami-lier le plus bas & le plus dégoûtant; on dit de la musique du célebre Rameau, l'honneur de notre siecle, qu'elle *ressemble à la course d'une oie grasse, & au galop d'une vache*. On s'exprime enfin aussi ridiculement que l'on pense; *rem verba sequuntur*; &, à la honte de l'esprit humain, ces impertinen-ces ont eu des partisans.

Je vous citerais cent exemples de ces extrava-gans abus, si je n'aimais pas mieux me livrer au plaisir de vous remercier des services continuels que vous rendez à notre langue, tandis qu'on cher-che à la déshonorer. Tous ceux qui parlent en public doivent étudier votre traité de la prosodie; c'est un livre classique, qui durera autant que la langue française.

Avant d'entrer avec vous dans des détails sur votre nouvelle édition, je dois vous dire que j'ai été frappé de la circonspection avec laquelle vous parlez du célebre, j'ofe prefque dire, de l'inimitable Quinaut, le plus concis peut-être de nos poëtes dans les belles fcenes de fes opéra, & l'un de ceux qui s'exprimerent avec le plus de pureté, comme avec le plus de grace. Vous n'affurez point, comme tant d'autres, que Quinaut ne favait que fa langue. Nous avons fouvent entendu dire, Madame Denis & moi, à Mr. de Baufrant fon neveu, que Quinaut favait affez de Latin pour ne lire jamais Ovide que dans l'original, & qu'il poffédait encore mieux l'Italien. Ce fut, un Ovide à la main, qu'il compofa ces vers harmonieux & fublimes de la premiere fcene de Proferpine.

Les fuperbes géants, armés contre les Dieux,
 Ne nous caufent plus d'épouvante;
Ils font enfevelis fous la maffe pefante
Des monts qu'ils entaffaient pour attaquer les cieux.
Nous avons vu tomber leur chef audacieux
 Sous une montagne brûlante.
Jupiter l'a contraint de vomir à nos yeux
Les reftes enflammés de fa rage mourante.
 Jupiter eft victorieux,
Et tout cede à l'effort de fa main foudroyante.

S'il n'avait pas été rempli de la lecture du Taffe, il n'aurait pas fait fon admirable opéra d'Armide. Une mauvaife traduction ne l'aurait pas infpiré.

Tout ce qui n'eft pas, dans cette piece, air détaché compofé fur les canevas du muficien, doit être regardé comme une tragédie excellente. Ce ne font pas là de

Ces lieux communs de morale lubrique,
Que Lulli réchauffa des fons de fa mufique.

On commence à favoir que Quinaut valait mieux que Lulli. Un jeune homme d'un rare mérite, déja célebre par les prix qu'il a remportés à notre Académie, & par une tragédie qui a mérité fon

grand fuccès, a ofé s'exprimer ainfi en parlant de
Quinaut & de Lulli :

Aux dépens du poëte on n'entend plus vanter
De ces airs languiffans la trifte pfalmodie
Que réchauffa Quinaut du feu de fon génie.

Je ne fuis pas entierement de fon avis. Le réci-
tatif de Lulli me paraît très bon; mais les fcenes
de Quinaut encore meilleures.

Je viens à une autre anecdote. Vous dites *que*
les étrangers ont peine à diftinguer quand la con-
fonne finale a befoin, ou non, d'être accompagnée
d'un e muet; & vous citez les vers du philofophe
de Sans-fouci.

La nuit, compagne du repos,
De fon crêp couvrant la lumiere,
Avait jeté fur ma paupiere
Les plus létargiques pavots.   -

Il eft vrai que dans les commencemens nos *e*
muets embarraffent quelquefois les étrangers; le
philofophe de Sans-fouci était très jeune quand
il fit cette épître : elle a été imprimée à fon infu
par ceux qui recherchent toutes les pieces manuf-
crites, & qui, dans leur empreffement de les imprimer, les donnent fouvent au public toutes défigurées.

Je peux vous affurer que le philofophe de Sans-
fouci fait parfaitement notre langue. Un de nos
plus illuftres confreres & moi, nous avons l'honneur de recevoir quelquefois de fes lettres, écrites
avec autant de pureté que de génie & de force;
eodem animo fcribit quo pugnat; & je vous dirai en
paffant, que l'honneur d'être encore dans fes bonnes graces, & le plaifir de lire les penfées les plus
profondes exprimées d'un ftyle énergique, font une
des confolations de ma vieilleffe. Je fuis étonné
qu'un Souverain chargé de tout le détail d'un grand

Royaume, écrive couramment & fans effort ce qui coûterait à un autre beaucoup de temps & de ratures.

Mr. l'Abbé de Dangeau, en qualité de purifte, en favait fans doute plus que lui fur la grammaire françaife. Je ne puis toutefois convenir avec ce refpectable académicien, qu'un muficien, en chantant *la nuit eft loin encore*, prononce, pour avoir plus de graces, la nuit eft *loing* encore. Le philofophe de Sans-fouci, qui eft auffi grand muficien qu'écrivain fupérieur, fera, je crois, de mon opinion.

Je fuis fort aife qu'autrefois St. Gelais ait juftifié le *crêp* par fon *Bucephal*. Puifqu'un aumônier de François I. retranche un e à *Bucephale*, pourquoi un Prince Royal de Pruffe n'aurait-il pas retranché un e à *crêpe?* Mais je fuis un peu fâché que Melin de St. Gelais, en parlant au cheval de François I, lui ait dit,

Sans que tu fois un Bucephal,
Tu portes plus grand qu'Alexandre.

L'hyperbole eft trop forte; & j'y aurais voulu plus de fineffe.

Vous me critiquez, mon cher Doyen, avec autant de politeffe que vous rendez de juftice au fingulier génie du philofophe de Sans-fouci. J'ai dit, il eft vrai, dans le *Siecle de Louis XIV.* à l'article des muficiens, que nos rimes féminines, terminées toutes par un e muet, font un effet très défagréable dans la mufique lorfqu'elles finiffent un couplet. Le chanteur eft abfolument obligé de prononcer.

Si vous aviez la rigueur
De m'ôter votre cœur,
Vous m'ôteriez la vi-eu.

Arcabone eft forcée de dire:

Tout me parle de ce que j'aim-eu

Médor est obligé de s'écrier :

Ah quel tourment d'aimer fans efpéranc-eu.

La gloire & la victoire à la fin d'une tirade, font
prefque toujours la *gloir-eu*, la *victoir-eu*. Notre
modulation exige trop fouvent ces triftes définan-
ces. Voilà pourquoi Quinaut a grand foin de finir,
autant qu'il le peut, fes couplets par des rimes
mafculines : & c'eft ce que recommandait le grand
muficien Rameau à tous les poëtes qui compofaient
pour lui.

Qu'il me foit donc permis, mon cher maître,
de vous repréfenter que je ne puis être d'accord
avec vous quand vous dites qu'*il eft inutile, &
peut-être ridicule, de chercher l'origine de cette
prononciation gloir-eu, victoir-eu, ailleurs que dans
la bouche de nos villageois.* Je n'ai jamais entendu
de payfan prononcer ainfi en parlant ; mais ils y
font forcés lorfqu'ils chantent. Ce n'eft pas non plus
une prononciation vicieufe des acteurs & des actri-
ces de l'opéra. Au contraire, ils font ce qu'ils peuvent pour fauver la longue tenue de cette finale
défagréable, & ne peuvent fouvent en venir à bout.
C'eft un petit défaut attaché à notre langue, défaut bien compenfé par le bel effet que font nos e
muets dans la déclamation ordinaire.

Je perfifte encore à vous dire, qu'il n'y a aucune nation en Europe qui faffe fentir les e muets,
excepté la nôtre. Les Italiens & les Efpagnols
n'en ont pas. Les Allemands & les Anglais en ont
quelques-uns ; mais ils ne font jamais fenfibles ni
dans la déclamation, ni dans le chant.

Venons maintenant à l'ufage de la rime, dont
les Italiens & les Anglais fe font défaits dans la
tragédie, & dont nous ne devons jamais fecouer
le joug. Je ne fais fi c'eft moi que vous accufez
d'avoir dit que la rime eft une invention des fiecles
barbares. Mais fi je ne l'ai pas dit, permettez-moi
d'avoir la hardieffe de vous le dire.

Je tiens, en fait de langue, tous les peuples pour barbares en comparaifon des Grecs & de leurs difciples les Romains, qui feuls ont connu la vraie profodie. Il faut furtout que la nature eût donné aux premiers Grecs des organes plus heureufement difpofés que ceux des autres nations, pour former en peu de tems un langage tout compofé de brèves & de longues, & qui, par un mélange harmonieux de confonnes & de voyelles, était une efpèce de mufique vocale. Vous ne me condamnerez pas fans doute, quand je vous répéterai que le Grec & le Latin font à toutes les autres langues du monde ce que le jeu d'échecs eft au jeu de dames, & ce qu'une belle danfe eft à une démarche ordinaire.

Malgré cet aveu je fuis bien loin de vouloir profcrire la rime comme feu Mr. de la Mothe; il faut tâcher de fe bien fervir du peu qu'on a, quand on ne peut atteindre à la richeffe des autres. Taillons habilement la pierre, fi le porphyre & le granite nous manquent. Confervons la rime; mais permettez-moi toujours de croire que la rime eft faite pour les oreilles, & non pas pour les yeux.

J'ai encore une autre repréfentation à vous faire. Ne ferais-je point un de ces téméraires que vous accufez de vouloir changer l'orthographe? J'avoue qu'étant très dévot à *St. François*, j'ai voulu le diftinguer des Français. J'avoue que j'écris *Danois* & *Anglais*: il m'a toujours femblé qu'on doit écrire comme on parle, pourvu qu'on ne choque pas trop l'ufage, pourvu que l'on conferve les lettres qui font fentir l'étymologie & la vraie fignification du mot.

Comme je fuis très tolérant, j'efpere que vous me tolererez. Vous pardonnerez fur-tout ce ftyle négligé à un Français ou à un François, qui avait, ou qui avoit été élevé à Paris dans le centre du bon goût, mais qui s'eft un peu engourdi depuis treize ans au milieu des montagnes de glace dont il eft environné. Je ne fuis pas de ces phofphores

qui fe confervent dans l'eau. Il me faudrait la lu-
mière de l'Académie pour m'éclairer & m'échaufer;
mais je n'ai befoin de perfonne pour ranimer dans
mon cœur les fentimens d'attachement & de refpect
que j'ai pour vous, ne vous en déplaife, depuis
plus de foixante années.

L E T T R E

DE Mr. DE VOLTAIRE

A Mr. ELIE DE BEAUMONT.

AVOCAT AU PARLEMENT.

Du 20 Mars 1767.

Votre Mémoire, Monfieur, en faveur des Sirven
a touché & convaincu tous les lecteurs, & fera fans
doute le même effet fur les Juges. La confultation,
fignée de dix-neuf célebres Avocats de Paris, a
paru auffi décifive en faveur de cette famille innocente que refpectueufe pour le Parlement de Touloufe.

Vous m'apprenez qu'aucun des Avocats conful-
fultés n'a voulu recevoir l'argent configné entre
vos mains pour leur honoraire. Leur défintéreffe-
ment & le vôtre font dignes de l'illuftre profeffion
dont le miniftere eft de défendre l'innocence opprimée.

C'eft pour la feconde fois, Monfieur, que vous
vengez la nature & la nation. Ce ferait un opprobre trop affreux pour l'une & pour l'autre,
fi tant d'accufations de parricides avaient le moindre fondement. Vous avez démontré que le jugement rendu contre les Sirven eft encore plus irrégu-

C

lier que celui qui a fait périr le vertueux Calas fur la roue & dans les flammes.

Je vous enverrai le Sr. Sirven & fes Filles quand il en fera temps; mais je vous avertis que vous ne trouverez peut-être point dans ce malheureux pere de famille la même préfence d'efprit, la même force, les mêmes reffources, qu'on admirait dans Madame Calas. Cinq ans de mifere & d'opprobre l'ont plongé dans un accablement qui ne lui permettrait pas de s'expliquer devant fes Juges : j'ai eu beaucoup de peine à calmer fon défefpoir, dans les longueurs & dans les difficultés que nous avons effuyées pour faire venir de Languedoc le peu de pieces que je vous ai envoyées, lefquelles mettent dans un fi grand jour la démence & l'iniquité du Juge fubalterne qui l'a condamné à la mort, & qui lui a ravi toute fa fortune. Aucun de fes parents, encore moins ceux qu'on appelle amis, n'ofait lui écrire ; tant le fanatisme & l'effroi s'étaient emparés de tous les efprits.

Sa femme, condamnée avec lui, femme refpectable, qui eft morte de douleur en venant chez moi, l'une de fes filles prête de fuccomber au défefpoir pendant cinq ans, un petit fils né au milieu des glaces & infirme depuis fa malheureufe naiffance, tout cela déchire encore le cœur du pere, & affaiblit un peu fa tête. Il ne fait que pleurer: mais vos raifons & fes larmes toucheront également fes Juges.

Je dois vous avertir de la feule méprife que j'aie trouvée dans votre Mémoire. Elle n'altere en rien la bonté de la caufe. Vous faites dire au Sieur Sirven, que Berne & Genève l'ont penfionné. Berne, il eft vrai, a donné au pere, à la mere, & aux deux filles, fept livres dix fols par tête chaque mois, & veut bien continuer cette aumône pour le temps de fon voyage à Paris; mais Geneve n'a rien donné.

Vous avez cité l'Impératrice de Ruffie, le Roi de Pologne, le Roi de Pruffe, qui ont fecouru cette

famille fi vertueufe & fi perfécutée. Vous ne pou-
viez favoir alors que le Roi de Danemarc, le
Landgrave de Heffe, Madame la Ducheffe de Saxe
Gotha, Madame la Princeffe de Naffau Saarbruk,
Madame la Margrave de Bade, Madame la Princeffe de Darmftad, tous également fenfibles à la
vertu & à l'oppreffion des Sirven, s'emprefferent
de répandre fur eux leurs bienfaits. Le Roi de
Pruffe, qui fut informé le premier, fe hâta de m'envoyer cent écus, avec l'offre de recevoir la famille
dans fes États & d'avoir foin d'elle.

Le Roi de Danemarc, fans même être follicité
par moi, a daigné m'écrire & a fait un don confidérable. L'Impératrice de Ruffie a eu la même
bonté, & a fignalé cette générofité qui étonne &
qui lui eft fi ordinaire; elle accompagna fon bien-
fait de ces mots énergiques écrits de fa main, *malheur aux perfécuteurs*.

Le Roi de Pologne, fur un mot que lui dit
Madame de Geoffrin qui était alors à Varfovie,
fit un préfent digne de lui; & Madame de Geoffrin a donné l'exemple aux Français en fuivant celui du Roi de Pologne. C'eft ainfi que Madame la
Ducheffe d'Anville, lorfqu'elle était à Geneve, fut
la premiere à réparer le malheur des Calas. Née
d'un Pere & d'un Ayeul illuftres, pour avoir fait du
bien (la plus belle des illuftrations), elle n'a jamais
manqué une occafion de protéger & de foulager
les infortunés avec autant de grandeur d'ame que
de difcernement. C'eft ce qui a toujours diftingué
fa maifon; & je vous avoue, Monfieur, que je
voudrais pouvoir faire paffer jufqu'à la derniere
poftérité les hommages dûs à cette bienfaifance, qui
n'a jamais été l'effet de la faibleffe.

Il eft vrai qu'elle fut bien fecondée par les premieres perfonnes du royaume, par de généreux citoyens, par un miniftre à qui on n'a pu reprocher
encore que la prodigalité en bienfaits, enfin, par
le ROI lui-même, qui a mis le comble à la réparation que la nation & le trône devaient au fang innocent.

La juftice rendue fous vos aufpices à cette famille, a fait plus d'honneur á la France que le fupplice de Calas ne nous a fait de honte

Si la deftinée m'a placé dans des déferts où la
famille des Sirven & les fils de Madame Calas
chercherent un azile, fi léurs pleurs & leur innocence fi reconnue m'ont impofé le devoir indifpen-
fable de leur donner quelques foins, je vous jure,
Monfieur, que dans la fenfibilité que ces deux familles m'ont infpirée, je n'ai jamais manqué de
refpect au Parlement de Touloufe; je n'ai imputé la mort du vertueux Calas, & la condamnation
de la famille entiere des Sirven, qu'aux cris d'une
populace fanatique, à la rage qu'eut le Capitoul
David de fignaler fon faux zele, à la fatalité des
circonftances.

. Si j'étais membre du Parlement de Touloufe, je
conjurerais tous mes Confreres de fe joindre aux
Sirven pour obtenir du ROI qu'il leur donne d'autres Juges. Je vous déclare, Monfieur, que jamais
cette famille ne reverra fon pays natal qu'après
avoir été auffi légalement juftifiée qu'elle l'eft réellement aux yeux du public. Elle n'aurait jamais la
force ni la patience de foutenir la vue du Juge de
Mazamet, qui eft fa partie, & qui l'a opprimée plutôt que jugée. Elle ne traverfera point des villages
Catholiques, où le peuple croit fermement qu'un
des principaux devoirs des peres & des meres dans
la Communion proteftante eft d'égorger leurs enfans dès qu'ils les foupçonnent de pencher vers la
religion catholique. C'eft ce funefte préjugé qui a
traîné Jean Calas fur la roue: il pourrait y traîner
les Sirven. Enfin, il m'eft auffi impoffible d'enga-
ger Sirven à retourner dans le pays qui fume encore
du fang de Calas, qu'il était impoffible à ces deux
familles d'égorger leurs enfants pour la religion.

. Je fais très-bien, Monfieur, que l'auteur d'un
miférable libelle périodique intitulé (je crois) l'Année Littéraire, affura il y a deux ans qu'il eft faux
qu'en Languedoc on ait accufé la religion protes-

tante d'enseigner le parricide. Il prétendit que jamais on n'en a soupçonné les protestants; il fut même assez lâche pour feindre une lettre qu'il disait avoir reçue de Languedoc. Il imprima cette lettre, dans laquelle on affirmait que cette accusation contre les protestants est imaginaire : il faisait ainsi un crime de faux pour jeter des soupçons sur l'innocence des Calas & sur l'équité du jugement de Messieurs les Maîtres des requêtes; & on l'a souffert! & on s'est contenté de l'avoir en exécration!

Ce malheureux compromit les noms de Monsieur le Maréchal de Richélieu & de Monsieur le Duc de Villars : il eut la bêtise de dire que je me plaisois à citer de grands noms : c'est me connaître bien mal; on sait assez que la vanité des grands noms ne m'éblouit pas, & que ce sont les grandes actions que je révere. Il ne savait pas que ces deux Seigneurs étaient chez moi quand j'eus l'honneur de leur présenter les deux fils de Jean Calas, & que tous deux ne se déterminerent en faveur des Calas qu'après avoir examiné l'affaire avec la plus grande maturité.

Il devoit savoir, & il feignait d'ignorer, que vous-même, Monsieur, vous confondites dans votre Mémoire pour Madame Calas ce préjugé abominable, qui accuse la Religion protestante d'ordonner le parricide; Monsieur de Sudre, fameux Avocat de Toulouse, s'était élevé avant vous contre cette opinion horrible, & n'avait pas été écouté. Le Parlement de Toulouse fit même brûler, dans un vaste bûcher élevé solemnellement, un écrit extrajudiciaire dans lequel on réfutait l'erreur populaire ; les archers firent passer Jean Calas chargé de fers à côté de ce bûcher pour aller subir son dernier interrogatoire. Ce vieillard crut que cet appareil était celui de son supplice. Il tomba évanoui; il ne put répondre quand il fut traîné sur la sellette; son trouble servit à sa condamnation.

Enfin le Consistoire, & même le Conseil de

C 3

Geneve, furent obligés de repouffer & de détruire par un certificat authentique l'imputation atroce intentée contre leur Religion; & c'eft au mépris de ces actes publics, au milieu des cris de l'Europe entiere, à la vue de l'arrêt folemnel de quarante Maîtres des requêtes, qu'un homme fans aveu comme fans pudeur ofe mentir pour attaquer (s'il le pouvait) l'innocence reconnue des Calas !

Cette effronterie fi puniffable à été négligée; le coupable s'eft fauvé à abri du mépris. Monfieur le Marquis d'Argence, officier général, qui avait paffé quatre mois chez moi dans le plus fort du procès des Calas, a été le feul qui ait marqué publiquement fon indignation contre ce vil fcélérat.

Ce qui eft plus étrange, Monfieur, c'eft que Monfieur Coquelet, qui a eu l'honneur d'être admis dans votre ordre, fe foit abaiffé jufqu'à être l'approbateur des feuilles de ce Fréron, qu'il ait autorifé une telle infolence, & qu'il fe foit rendu fon complice.

Que ces feuilles calomnient continuellement le mérite en tout genre, que l'auteur vive de fon scandale, & qu'on lui jette quelques os pour avoir aboyé: à la bonne heure; perfonne n'y prend garde. Mais qu'il infulte le Confeil entier, vous m'avouerez que cette audace criminelle ne doit pas être impunie dans un malheureux chaffé de toute fociété, & même de celle qui a été enfin chaffée de toute la France. Il n'a pas acquis par l'opprobre le droit d'infulter ce qu'il y a de plus refpectable. J'ignore s'il a parlé des Sirven, mais on devrait avertir les provinciaux qui ont la faibleffe de faire venir fes feuilles de Paris, qu'ils ne doivent pas faire plus d'attention qu'on en fait dans votre capitale à tout ce qu'écrit cet homme dévoué à l'horreur publique.

Je viens de lire le Mémoire de Monfieur Caffen Avocat au Confeil; cet ouvrage eft digne de paraître, même après le vôtre. On m'apprend que Monfieur Caffen a la même générofité que vous: il pro-

tege l'innocence fans aucun intérêt. Quels exemples, Monfieur! & que le barreau fe rend refpectable! Monfieur de Crone & Monfieur de Bacan-
court ont mérité les éloges & les remerciments de
la France dans le rapport qu'ils ont fait du procès
des Calas. Nous avons pour rapporteur(*), dans
celui des Sirven, un Magiftrat fage, éclairé, éloquent (de cette éloquence qui n'eft pas celle des
phrafes) ; ainfi nous pouvons tout efpérer.

Si quelques formes juridiques s'oppofaient malheureufement à nos juftes fupplications (ce que je
fuis bien loin de croire) nous aurions pour reffource votre factum, celui de Mr. Caffen, & l'Europe;
la famille Sirven perdrait fon bien, & conferverait
fon honneur. Il n'y aurait de flétri que le Juge qui
l'a comdamnée. Car ce n'eft pas le pouvoir qui
flétrit, c'eft le public

On tremblera déformais de déshonorer la Nation
par d'abfurdes accufations de parricides ; & nous
aurons du moins rendu à la Patrie le fervice d'a-
voir coupé une tête de l'hydre du fanatifme.

*J'ai l'honneur d'être avec les fentimens de
l'eftime la plus refpectueufe, &c.*

*) Monfieur de Chardon.

DÉCLARATION

JURIDIQUE

DE LA SERVANTE

DE MADAME CALAS,

Au sujet de la nouvelle calomnie qui persécute encore cette vertueuse famille.

1768.

L'AN mil sept cent soixante-sept, le Dimanche vingt-neuf Mars, trois heures de relevée, Nous Jean François Hugues, Conseiller du Roi, Commissaire, Enquêteur, Examinateur au Châtelet de Paris, sur la réquisition qui nous a été faite de la part de Jeanne Viguiere, ci-devant domestique des Sr. & Dame Calas, de nous transporter au lieu de son domicile, pour y recevoir sa déclaration sur certains faits ; nous nous sommes en effet transportés rue neuve, & Paroisse St. Eustache, en une maison appartenante à Mr. Langlois, Conseiller au grand Conseil, dont le troisieme étage est occupé par la Dame veuve du Sr. Jean Calas Marchand à Toulouse ; & étant montés chez la dite Dame Calas, elle nous a fait conduire dans une chambre, au quatrieme étage, ayant vue sur la rue, où étant parvenus, nous avons trouvé la dite Jeanne Viguiere dans son lit, par l'effet de la chûte dont va être parlé, ayant une garde à côté d'elle, que nous avons fait retirer ; laquelle Jeanne Viguiere, après serment par elle fait & prêté en nos mains de dire la vérité, nous a dit & déclaré, que le lundi seize Février dernier, sur les quatre heures après midi, étant sortie pour aller rue Montmartre, elle eut le malheur de tomber dans la dite rue, & de se casser la jambe droite ; que

plufieurs perfonnes étant accourues à fon fecours,
elle fut tranfportée fur le champ chez la dite Dame
Calas fon ancienne maîtreffe, où elle a toujours
confervé fa demeure depuis qu'elle eft à Paris, laquelle envoya chercher le Sr. Botentuit oncle, maître en chirurgie, qui lui remit la jambe; que la
dite Dame Calas lui a donné une garde, qui eft
celle qui vient de fe retirer, laquelle ne l'a point
quittée depuis cet accident; que le Sr. Botentuit a
continué de venir lui donner les foins dépendants
de fon état, lefquels ont été fi heureux, qu'elle n'a
eu aucun accès de fievre, qu'elle eft actuellement
à fon quarante-unieme jour, fans qu'il lui foit furvenu aucun autre accident; qu'elle a reçu de la dite Dame Calas tous les fecours qu'elle pouvait efpérer d'une ancienne maîtreffe, dont elle a éprou-
vé dans tous les temps mille marques de bonté: qu'elle a appris avec la plus grande furprife, qu'on avait
débité dans le monde qu'elle Jeanne Viguiere était
morte, & que dans fes derniers momens elle avait
déclaré devant Notaires, qu'étant chez le feu Sr.
Jean Calas fon maître, elle avait embraffé la Religion Proteftante, & que par un prétendu zele
pour cette religion, elle avait, conjointement avec
le dit Sr. Calas, fa famille & le Sr. Lavayffe, donné la mort à Marc-Antoine Calas; qu'enfuite, ayant
été conftituée prifonniere, elle avait feint d'être
toujours Catholique, afin de n'être point foupçon-
née de fauver fa vie, & par fon témoignage, celle de tous les autres accufés; mais que fe trouvant
au moment de mourir, elle était rentrée dans les
fentimens de la foi Catholique, & qu'elle s'était
crue obligée de déclarer la vérité qu'elle avait cachée, dont elle était, dit-on, fort repentante.

Que pour arrêter les fuites que pourait avoir
cette impofture, la dite Jeanne Viguiere a cru devoir recourir à notre miniftere & requérir notre
tranfport, pour nous déclarer, comme elle le fait
préfentement en fon ame & confcience, que rien
n'eft plus faux que le bruit dont elle vient de nous

rendre compte, que son accident ne l'a jamais mise dans aucun danger de mort, mais que quand cela aurait été, elle n'aurait jamais fait la déclaration qu'on ose lui attribuer, puisqu'il est vrai, ainsi qu'elle l'a toujours soutenu, & qu'elle le soutiendra jusqu'au dernier instant de sa vie, que le dit feu Sr. Jean Calas, la Dame son épouse, le Sr. Jean Pierre Calas, & le Sr. Lavaysse, n'ont contribué en aucune maniere à la mort de Marc-Antoine Calas. Qu'elle se croit même obligée de nous déclarer, que le feu Sr. Jean Calas était moins capable que personne d'un pareil crime, l'ayant toujours connu d'un caractere très-doux, & rempli de tendresse pour ses enfans; que d'ailleurs le motif qu'on a donné à la mort de Marc-Antoine Calas, & à la prétendue haine de son pere, est faux, puisque la dite Jeanne Viguiere a connaissance que ce jeune homme n'avait pas changé de religion, & qu'il avait continué jusqu'à la veille de sa mort les exercices de la religion protestante. Que pour ce qui concerne elle Jeanne Viguiere, elle n'a pas, graces à Dieu, cessé un seul instant de faire profession de la religion Catholique Apostolique & Romaine, dans laquelle elle entend vivre & mourir; qu'elle a pour Confesseur le Révérend Pere Irénée, Augustin de la place des victoires; que le dit Révérend Pere Irénée, ayant été instruit de son accident, est venu la voir le Dimanche huit du présent mois de Mars, qu'il peut rendre compte de ses sentimens & de sa créance. De laquelle déclaration la dite Jeanne Viguiere nous a requis & demandé acte; & lecture lui en ayant été faite par nous Conseiller Commissaire, elle a déclaré contenir vérité, & a déclaré ne savoir écrire ni signer, de ce interpellée suivant l'ordonnance, ainsi qu'il est dit dans la minute.

Et à l'instant est survenu & comparu par devers nous en la chambre où nous sommes, Sr. Pierre Louis Botentuit Langlois, maître en Chirurgie & ancien Chirurgien Major des armées du Roi, demeurant rue Montmartre Paroisse Saint Eustache lequel nous a attefté & déclaré, que le feize Février dernier entre fept & huit heures du foir, il a été requis & s'eft tranfporté chez la dite Dame Calas, au fujet de l'accident qui venait d'arriver à la dite Jeanne Viguiere; qu'ayant vifité fa jambe droite, il a remarqué fracture complette des deux os de la jambe, qu'il a continué de la voir & de la panfer depuis ce temps, & lui a adminiftré tous les fecours rélatifs à fon état; qu'elle n'a jamais été en danger de perdre la vie par l'effet de la dite chute; qu'il n'y a eu qu'une excoriation fur la crête du tibia, & que la malade a toujours été de mieux en mieux; qu'il eft à fa connaiffance que le dit Pere Irénée a confeffé la dite Viguiere depuis le dit accident; laquelle déclaration il fait pour rendre hommage à la vérité; & a figné en la minute des préfentes.

Eft auffi furvenu & comparu par-devant nous en la Chambre où nous fommes, Pierre-Guillaume Garilland, Religieux, Prêtre de l'Ordre des Auguftins de la province de France, établi à Paris près la place des Victoires, nommé en religion Irénée de Sainte Thérefe, Définiteur de la fufdite Province, demeurant au dit Couvent; lequel nous a dit, déclaré & certifié, que la dite Jeanne Viguiere vient à lui fe confeffer depuis trois ans ou environ, que chaque année elle s'eft acquittée du devoir pafchal, & que diverfes fois, dans le courant des dites années, pour fatisfaire à fa piété, vu fa conduite réguliere, il lui a permis la fainte Communion; qu'enfin, depuis le fâcheux accident qui eft arrivé à la dite Viguiere, il eft venu la confeffer, & a continué de remarquer en elle les mêmes fentimens de religion & de piété comme par le paffé; laquelle déclaration le dit Révérend Pere Irénée nous fait pour rendre hommage à la vérité; & a figné à la minute.

Sur quoi, Nous Confeiller du Roi, Commiffaire au Châtelet, fufdit & fouffigné, avons donné acte à la dite Viguiere, au dit Sr. Botentuit, & au

dit Révérend Pere Irénée, de leur déclaration ci-
deſſus, pour ſervir & valoir ce que de raiſon; &
avons ſigné en la minute reſtée en nos mains.

HUGUES, Commiſſaire, ſigné.

NB. *Cette calomnie avait été publiée dans tout le*
Languedoc; & elle était répandue dans Paris par
le nommé Fréron, pour empêcher Mr. de Voltair
de pourſuivre la juſtification des Sirven, accuſé
du même crime que les Calas. Tous ceux qui
auront lu cette feuille authentique, ſont priés d
la conſerver comme un monument de la rage a
ſurde du fanatiſme.

LETTRE

D'UN MEMBRE

DU CONSEIL

DE ZURICH,

A MONSIEUR D***

AVOCAT A BESANÇON.

Nous nous intéreſſons beaucoup, Monſieur,
dans notre République, à la triſte avanture du
Sr. Fantet. Il était preſque le ſeul dont nous ti-
raſſions les livres qui ont illuſtré votre patrie, &
qui forment l'eſprit & les mœurs de notre jeuneſ-
ſe. Nous devons à Fantet les œuvres du Chancelier d'Agueſſeau & du Préſident de Thou; c'eſt
lui ſeul qui nous a fait connaître les Eſſais de morale de Nicole, les oraiſons funebres de Boſſuet,
les Sermons de Maſſillon & ceux de Bourdaloue,

ouvrages propres à toutes les religions. Nous lui devons l'Efprit des Loix, qui eft encore un de ces livres qui peuvent inftruire toutes les nations de l'Europe.

Je fais en mon particulier, que le Sr. Fantet joint à l'utilité de fa profeffion une probité qui doit le rendre cher à tous les honnêtes gens; & qu'il a employé au foulagement de fes parents le peu qu'il a pu gagner par une louable induftrie.

Je ne fuis point furpris qu'une cabale jaloufe ait voulu le perdre. Je vois que votre Parlement ne connaît que la juftice, qu'il n'a acception de perfonne, & que dans toute cette affaire il n'a confulté que la raifon & la loi. Il a voulu & il a dû examiner par lui-même, fi dans la multitude des livres dont Fantet fait commerce il ne s'en trouverait pas quelques-uns de dangereux, & qu'on ne doit pas mettre entre les mains de la jeuneffe. C'eft une affaire de police, une précaution très fage des Magiftrats.

Quand on leur a propofé de jeter ce que vous appellez des monitoires, nous voyons qu'ils fe font conduits avec la même équité & la même impartialité, en refufant d'accorder cette procédure extraordinaire. Elle n'eft faite que pour les grands crimes; elle eft inconnue chez tous les peuples qui concilient la févérité des loix avec la liberté du citoyen. Elle ne fert qu'à répandre le trouble dans les confciences & l'allarme dans les familles. C'eft une inquifition réelle, qui invite tous les citoyens à faire le métier infame de délateurs; c'eft une arme facrée, qu'on met entre les mains de l'envie & de la calomnie pour frapper l'innocent en fûreté de confcience. Elle expofe toutes les perfonnes faibles à fe déshonorer fous prétexte d'un motif de religion. Elle eft en cette occafion contraire à toutes les loix, puifqu'elles ont pour but la réparation d'un délit, & que l'objet de ce monitoire ferait d'établir un délit lorfqu'il n'y en a point.

Un monitoire, en ce cas, ferait un ordre de hercher au nom de Dieu à perdre un citoyen;

ce ferait infulter à la fois la loi & la religion, & les rendre toutes deux complices d'un crime infiment plus grand que celui qu'on impute au Sr. Fantet. Un monitoire, en un mot, eft une efpece de profcription. Cette maniere de procéder ferait ici d'autant plus injufte, que de vos prêtres, qui avaient accufé Fantet, les urs ont été confondus à la confrontation, les autres fe font retractés. Un monitoire alors n'eût été qu'une permiffion accordée aux colomniateurs de chercher à calomnier encore & d'employer la confeffion pour fe venger. Voyez quel effet horrible ont produit les monitoires contre les Calas & les Sirven !

Votre Parlement, en rejettant une voie fi odieufe, & en procédant confre Fantet avec toute la févérité de la loi, a rempli tous les devoirs de la juftice, qui doit rechercher les coupables & ne pas fouhaiter qu'il y ait des coupables. Cette conduite lui attire les bénédictions de toutes les Provinces voifines.

J'ai interrompu cette lettre, Monfieur, pour lire en public les remontrances que votre Parlement fait au Roi fur cette affaire. Nous les regardons comme un monument d'équité & de fageffe, dignes du corps qui les a rédigées, & du Roi à qui elles font adreffées. Il nous femble que votre patrie fera toujours heureufe, quand vos Souverains continueront de prêter une oreille attentive à ceux qui, en parlant pour le bien public, ne peuvent avoir d'autre intérêt que ce bien public même dont ils font les miniftres.

J'ai l'honneur d'être bien refpectueufement, Monfieur, Votre très humble & très obéiffant ferviteur, *D E S N . . . du Confeil des deux cents.*

Poftfcriptum.

Nous avons admiré le factum en faveur de Fantet. Voilà, Monfieur, le triomphe des Avocats. Faire

ſervir l'éloquence à protéger ſans intérêt l'innocent,
couvrir de honte les délateurs, inſpirer une juſte
horreur de ces cabales pernicieuſes, qui n'ont de religion que pour haïr & pour nuire, qui font des choſes
ſacrées l'inſtrument de leurs paſſions, c'eſt là ſans
doute le plus beau de Miniſteres. C'eſt ainſi que M.
de Beaumont défend à Paris l'innocence des Sirven,
après avoir ſi glorieuſement combattu pour les Calas.
De tels Avocats méritent les couronnes qu'on donnait à ceux qui avaient ſauvé des citoyens dans les
batailles. Mais que méritent ceux qui les oppriment?

ANECDOTE

SUR BELISAIRE.

JE vous connais; vous êtes un ſcélérat. Vous
voudriez que tous les hommes aimaſſent un Dieu
Pere de tous les hommes. Vous vous êtes imaginé, ſur la parole de St. Ambroiſe, qu'un jeune Va-
lentinien, qui n'avait pas été baptiſé, n'en avait pas
moins été ſauvé. Vous avez eu l'inſolence de croire avec St. Jérome que pluſieurs payens ont vécu
ſaintement. Il eſt vrai que, tout damné que vous
êtes, vous n'avez pas oſé aller ſi loin que St. Jean.
Chryſoſtome, qui, dans une de ſes homélies, a) dit
que les préceptes de Jéſus-Chriſt ſont ſi légers, que
pluſieurs ont été au-delà par la ſeule raiſon. *Pra-
cepta ejus adeò levia ſunt, ut multi philoſophica
tantum ratione exceſſerint.*

Vous avez même attiré à vous St. Auguſtin, ſans
ſonger combien de fois il s'eſt rétracté. On voit

(a) III. Homélie ſur la 1. Ep. de S. Paul aux Corin-
thiens.

bien que vous êtes de son avis quand il dit : *b*)
depuis le commencement du genre humain tous ceux qui
ont cru en un seul Dieu, & qui ont entendu sa voix se-
lon leur pouvoir, qui ont vécu avec piété & justice se-
lon ses préceptes, en quelque endroit & en quelque temps
qu'ils aient vécu, ils ont été sans doute sauvés par lui.

Mais ce qu'il y a de pis, Déiste & Athée que
vous êtes, c'est qu'il semble que vous ayez copié
mot pour mot St. Paul dans son Epitre aux Romains : *gloire, honneur & paix à quiconque fait le*
bien; premierement aux Juifs, & puis aux Gentils;
car lorsque les Gentils, qui n'ont point la loi, font na-
turellement ce que la loi commande, n'ayant point no-
tre loi, ils sont leur loi à eux-mêmes. Et après ces paroles il reproche aux Juifs de Rome l'usure, l'a-
dultere & le sacrilege.

Enfin, détestable enfant de Bélial, vous avez
osé prononcer de vous-même ces paroles impies
sous le nom de Bélisaire : *ce qui m'attache le plus à*
ma religion, c'est qu'elle me rend meilleur & plus hu-
main. S'il fallait qu'elle me rendît farouche, dur &
impitoyable, je l'abandonnerais, & dirais à Dieu,
dans la fatale alternative d'être incrédule ou méchant :
je fais le choix qui t'offense le moins. J'ai vu d'indi-
gnes femmes de bien, des militaires trop instruits,
de vils magistrats qui ne connoissent que l'équité,
des gens de lettres malheureusement plus remplis
de goût & de sentiment que de théologie, admirer
avec attendrissement ces sottes paroles & tout ce
qui les suit.

Malheureux! vous apprendrez ce que c'est que de
choquer l'opinion des licentiés de ma licence; vous
& tous vos damnés de philosophes vous voudriez
bien que Confucius & Socrate ne fussent pas éternellement en enfer; vous seriez fâchés que le Primat d'Angleterre ne fût pas sauvé aussi bien que
le Primat des Gaules. Cette impiété mérite une
puni-

(*b*) Dans sa 49. Epitre *à Deo gratias.*

punition exemplaire. Apprenez votre catéchifme.
Sachez que nous damnons tout le monde quand
nous fommes fur les bancs; c'eft là notre plaifir.
Nous comptons environ fix cents millions d'habitants fur la terre. A trois générations par fiecle,
cela fait environ deux milliards; & en ne comptant
feulement que depuis quatre mille années, le cal-
cul nous donne quatre-vingts milliards de damnés,
fans compter tout ce qui l'a été auparavant &
tout ce qui doit l'être après. Il eft vrai que fur ces
quatre-vingts milliards il faut ôter deux ou trois
mille élus qui font le beau petit nombre : mais c'eft
une bagatelle; & il eft bien doux de pouvoir fe
dire en fortant de table, mes amis, réjouiffons-
nous, nous avons au moins quatre-vingts milliards
de nos freres dont les ames, toutes fpirituelles, font
pour jamais à la broche, en attendant qu'on
retrouve leurs corps pour les faire rôtir avec
elles.

Apprenez, Monfieur le Réprouvé, que votre
grand Henri IV, que vous aimez tant, eft damné
pour avoir fait tout le bien dont il fut capable; &
que Ravaillac, purgé par le facrement de pénitence, jouit de la gloire éternelle: voilà la vraie religion. Où eft le temps où je vous aurais fait
cuire avec Jean Hus & Jérome de Prague, avec
Arnaud de Breffe, avec le Confeiller du Bourg, &
avec tous les infames qui n'étaient pas de notre
avis dans ces fiecles du bon fens, où nous étions
les maîtres de l'opinion des hommes, de leur bour-
fe, & quelquefois de leur vie?

Qui proferait ces douces paroles? c'était un
moine fortant de fa licence. A qui les addreffait-il?
c'était à un Académicien de la prémiere Académie de France. Cette fcene fe paffait chez un
Magiftrat, homme de lettres, que le Licencié était
venu folliciter pour un procès dans lequel il était
accufé de fimonie. Et dans quel temps fe tenait
cette conférence à laquelle j'affiftai? c'était après
boire; car nous avions dîné avec le magiftrat, &

D

le moine avec les valets de chambre; & le moine était fort echauffé.

Mon révérend Pere, lui dit l'Académicien, pardonnez-moi, je fuis un homme du monde qui n'ai jamais lu les ouvrages de vos docteurs. J'ai fait parler un vieux foldat Romain comme aurait parlé notre Du Guefclin, notre Chevalier Bayard ou notre Turenne. Vous favez qu'à nous autres gens du fiecle il nous échappe bien des fottifes; mais vous les corrigez; & un mot d'un feul de vos bacheliers répare toutes nos fautes. Mais comme Bélifaire n'a pas dit un feul mot du bénéfice que vous damandez, & qu'il n'a point follicité contre vous, j'efpere que vous vous appaiferez, & que vous voudrez bien pardonner à un pauvre ignorant qui a fait le mal fans malice.

A d'autres, dit le moine; vous êtes une troupe de coquins qui ne ceffez de prêcher la bienfaifance, la douceur, l'indulgence, & qui pouffez la méchanceté jufqu'à vouloir que Dieu foit bon. En vérité nous ne vous pafferons pas vos petites confpirations. Vous avez à faire au révérend pere Ha..., à l'abbé Din.... & à moi, & nous verrons comment vous vous en tirerez. Nous favons bien que dans le fiecle où la raifon, que nous avions par-tout profcrite, commençait à renaître dans nos climats feptentrionaux, ce fut Erafme qui était tenté de dire *Sancte Socrates ora pro nobis*, Erafme à qui on éleva une ftatue. Le Vayer, le précepteur de Monfieur & même de Louïs XIV, recueillit tous ces blafphêmes dans fon livre de la vertu des Payens. Il eut l'infolence d'imprimer que des marauts tels que Confucius, Socrate, Caton, Epictete, Titus, Trajan, les Antonins, Julien, avaient fait quelques actions vertueufes. Nous ne pumes le brûler ni lui ni fon livre, parce qu'il était Confeiller d'Etat; mais vous, qui n'êtes qu'Académicien, je vous réponds que vous ne ferez pas épargné.

Le magiftrat prit alors la parole, & demanda

grace pour le coupable. Point de grace, dit le moine, l'écriture le défend. *Orabat sceleſtus ille veniam, quam non erat conſecuturus* : le ſcélérat demandait un pardon qu'il ne devait pas obtenir. *Oportet aliquem mori pro populo.* Toute l'Académie penſe comme lui; il faut qu'il ſoit puni avec l'Académie.

Ah! frere Triboulet, dit le Magiſtrat (car Triboulet eſt le nom du Docteur), ce que vous avancez là eſt bien chrétien, mais n'eſt pas tout-à-fait juſte. Voudriez-vous que la Sorbonne entiere répondit pour vous, comme le Pere Bauni ſe rendait pleige pour la bonne mere, & comme toute la ſociété de Jéſus était pleige pour le pere Bauni? Il ne faut jamais accuſer un corps des erreurs des particuliers. Voudriez-vous abolir aujourd'hui la Sorbonne, parce qu'un grand nombre de ſes membres adhérerent au plaidoyer du docteur Jean Petit Cordelier en faveur de l'aſſaſſinat du Duc d'Orléans? parce que trente-ſix docteurs de Sorbonne, avec frere Martin inquiſiteur pour la foi, condamnerent la Pucelle d'Orléans à être brûlée vive pour avoir ſecouru ſon Roi & ſa Patrie? parce que ſoixante & onze docteurs de Sorbonne déclarerent Henri III. déchu du trône? parce que quatre-vingts docteurs excommunierent au 1er Novembre 1592. les bourgeois de Paris qui avaient oſé préſenter requête pour l'admiſſion de Henri IV. dans ſa Capitale, & qu'ils défendirent qu'on priât Dieu pour ce *mauvais Prince?* Voudriez-vous, frere Triboulet, être puni aujourd'hui du crime de vos peres? L'ame de quelqu'un de ces ſages maîtres a-t-elle paſſé dans la vôtre *per modum traducis?* Un peu d'équité, frere. Si vous êtes coupable de ſimonie, comme vôtre partie adverſe vous en accuſe, la Cour vous fera mettre au Pilori: mais vous y ſerez ſeul; & les moines de votre couvent (puiſqu'il y a encore des moines) ne ſeront pas condamnés avec vous. Chacun répond de ſes faits; & comme l'a dit un certain philoſophe, il ne faut pas purger les petits-fils pour la maladie de leur grand-

pere. Chacun pour foi, & Dieu pour tous. Il n'y
a que le loup qui dife à l'agneau: fi ce n'eft toi,
c'eft donc ton frere.

Allez, refpectez l'Académie compofée des premiers hommes de l'Etat & de la Littérature. Laiffez
Bélifaire parler en brave foldat & en bon citoyen;
n'infultez point un excellent écrivain; continuez à
faire de mauvais livres, & laiffez-nous les bons.
Frere Triboulet fortit, la queue entre les jambes;
& fon adverfaire refta la tête haute.

Quand le magiftrat & le philofophe, ou plutôt
quand les deux philofophes, purent parler en liberté,
N'admirez-vous pas ce moine? dit le magiftrat: il
y a quelques jours qu'il était entierement de votre
avis. Savez-vous pourquoi il a fi cruellement changé? c'eft qu'il eft bleffé de votre réputation. Hélas!
dit l'homme de lettres, tout le monde penfe comme
moi dans le fond de fon cœur, & je n'ai fait que de-
velopper l'opinion générale. Il y a des pays où perfonne n'ofe établir publiquement ce que tout le
monde penfe en fecret. Il y en a d'autres où le fecret n'eft plus gardé.　L'augufte Impératrice dé
Ruffie vient d'établir la tolérance dans deux mille
lieues de pays. Elle a écrit de fa propre main, *malheur aux perfécuteurs*. Elle a fait grace à l'Evêque de
Roftou, condamné par le Synode pour avoir foute-
nu l'opinion des deux puiffances, & pour n'avoir pas
fu que l'autorité eccléfiaftique n'eft qu'une autorité
de perfuafion; que c'eft la puiffance de la vérité, &
non la puiffance de la force. Elle permet qu'on life les
lettres qu'elle a écrites fur ce fujet important. Comme les chofes changent félon les temps! dit le Magiftrat: conformons-nous au temps, dit l'homme
de lettres.

SECONDE ANECDOTE

SUR BELISAIRE.

FRere Triboulet, de l'ordre de frere Montepul-
ciano, de frere Jaques Clément, de frere Ridicous
(*) &c. &c. &c. & deplus Docteur de Sorbonne,
chargé de rédiger la cenfure de la fille ainée du
Roi , appellée le Concile perpétuel des Gaules,
contre Bélifaire, s'en retournait à fon couvent
tout penfif. Il rencontra, dans la rue des maffons,
la petite Franchon dont il eft le directeur, fille du
cabaretier qui a l'honneur de fournir du vin pour
le *prima menfis* de Meffieurs les maîtres.

Le pere de Fanchon eft un peu théologien,
comme le font tous les cabaretiers du quartier de
la Sorbonne. Fanchon eft jolie, & frere Triboulet
entra pour.... boire un coup.

Quand Triboulet eut bien bu , il fe mit à feuil-
leter les livres d'un habitué de paroiffe, frere du
cabaretier, homme curieux, qui poffede une bibliotheque affez bien fournie.

Il confulta tous les paffages par lefquels on prouve évidemment, que tous ceux qui n'avaient pas
demeuré dans le quartier de la Sorbonne, comme
par exemple les Chinois, les Indiens, les Scythes,
les Grecs, les Romains, les Germains, les Africains, les Américains , les blancs, les noirs, les
jaunes, les rouges, les têtes à laine, les têtes à
cheveux, les mentons barbus, les mentons imber-
bes, étaient tous damnés fans miféricorde, comme
cela eft jufte; & qu'il n'y a qu'une ame atroce &
abominable qui puiffe jamais penfer que Dieu ait
pu avoir pitié d'un feul de ces bonnes gens.

_____

(*) Confultez les mémoires de L'Etoile, & vous verrez ce qui arriva en place de Grêve à ce pauvre frere
Ridicous.

Il compilait, compilait, compilait, quoique ce
ne foit plus la mode de compiler, & Fanchon lui
donnait de temps en temps de petits fouflets fur fes
groffes joues; & frere Triboulet écrivait; & Fanchon chantait; lorfqu'ils entendirent dans la rue
la voix du Docteur Tamponet, & de frere Bonhomme, Cordelier à la grande manche, qui argumen-
taient vivement l'un contre l'autre, & qui ameu-
taient les paffants, Fanchon mit la tête à la fenêtre; elle eft fort connue de ces deux docteurs,
& ils entrerent auffi pour.... boire.

Pourquoi faifiez-vous tant de bruit dans la rue?
dit Fanchon. C'eft que nous ne fommes pas d'accord, dit frere Bonhomme. Eft-ce que vous avez
jamais été d'accord en Sorbonne? dit Fanchon.
Non, dit Tamponet, mais nous donnons toujours
des Décrets; & nous fixons à la pluralité des voix
ce que l'Univers doit penfer. Et fi l'Univers s'en
moque, ou n'en fait rien? dit Fanchon. Tant
pis pour l'Univers, dit Tamponet. Mais de quoi
diable vous mêlez-vous? dit Fanchon. Comment,
ma petite! dit frere Triboulet, il s'agit de favoir
fi le cabaretier qui logeait dans ta maifon il y a
deux mille ans a pu être fauvé ou non. Cela ne
me fait rien, dit Fanchon; ni à moi non plus, dit
Tamponet; mais certainement nous donnerons un
Décret.

Frere Triboulet lut alors tous les paffages qui
appuyaient l'opinion, que Dieu n'a jamais pu faire
grace qu'à ceux qui ont pris leurs degrés en Sorbonne, ou à ceux qui penfaient comme s'ils avaient
pris leurs degrés; & Fanchon riait, & frere Triboulet la laiffait rire. Tamponet étoit entierement
de l'avis du Jacobin; mais le Cordelier Bonhomme
était un peu plus indulgent. Il penfait que Dieu
pouvait à toute force faire grace à un homme de
bien qui aurait le malheur d'ignorer notre théologie, foit en lui dépêchant un ange, foit en lui en-
voyant un Cordelier pour l'inftruire.

Cela eft impoffible, s'écria Triboulet; car tous

les grands hommes de l'antiquité étaient des paillards. Dieu aurait pu, je l'avoue, leur envoyer des Cordeliers; mais certainement il ne leur aurait jamais députe des Anges.

Et pour vous prouver, frere Bonhomme, par vos propres docteurs, que tous les héros de l'antiquité font damnés fans exception, lifez ce qu'un de vos plus grands docteurs Séraphiques déclare expreffément dans un livre que Mademoifelle Fanchon m'a prêté: voici les paroles de l'auteur.

Le Cordelier, plein d'une fainte horreur,
Baife à genoux l'ergot de fon feigneur.
Puis d'un air morne il jette au loin la vue
Sur cette vafte & brûlante étendue,
Séjour de feu qu'habitent pour jamais
L'affreufe mort, les tourmens, les forfaits;
Trône éternel où fied l'efprit immonde;
Abyme immenfe où s'engloutit le monde;
Sépulcre où gît la docte antiquité,
Efprit, amour, favoir, grace, beauté,
Et cette foule immortelle, innombrable,
D'enfans du ciel créés tous pour le Diable.
Tu fais, lecteur, qu'en ces feux dévorans
Les meilleurs Rois font avec les tyrans.
Nous y plaçons Antonin, Marc-Aurele,
Ce bon Trajan, des Princes le modele,
Ce doux Titus, l'amour de l'univers,
Les deux Catons, ces fléaux des pervers,
Ce Scipion maître de fon courage,
Lui qui vainquit & l'amour & Carthage;
Vous y grillez, fage & docte Platon,
Divin Homere, éloquent Cicéron,
Et vous, Socrate, enfant de la fageffe.
Martyr de Dieu dans la profane Grece,
Jufte Ariftide, & vertueux Solon,
Tous malheureux morts fans confeffion.

Tamponet écoutait ce paffage avec des larmes de joie; Cher frere Triboulet, dans quel Pere de l'Eglise as-tu trouvé cette brave décision? Cela est de l'Abbé Tritheme, répondit Triboulet; & pour vous le prouver *à posteriori*, d'une maniere invincible, voici la déclaration expresse du modeste traducteur au chapitre seize de sa Moëlle théologique.

Cette priere est de l'Abbé Tritheme,
Non pas de moi; car mon œil effronté
Ne peut percer jusqu'à la cour suprême;
Je n'aurais pas tant de témérité.

Frere Bomhomme prit le livre pour se convaincre par ses propres yeux; & ayant lu quelques pages avec beaucoup d'édification, ah ah! dit-il au Jacobin, vous ne vous vantiez pas de tout. C'est un Cordelier en Enfer qui parle; mais vous avez oublié qu'il y rencontre St. Dominique, & que ce Saint est damné pour avoir été persécuteur, ce qui est bien pis que d'avoir été Payen.

Frere Triboulet, piqué, lui reprocha beaucoup de bonnes avantures de Cordeliers. Bonhomme ne demeura pas en reste; il reprocha aux Jacobins de croire à l'immaculation en Sorbonne, & d'avoir obtenu des Papes une permission de n'y pas croire dans leur couvent. La querelle s'échauffa; ils allaient se gourmer. Fanchon les appaisa en leur donnant à chacun un gros baiser. Tamponet leur remontra qu'ils ne devaient dire des injures qu'aux profanes, & leur cita ces deux vers qu'il dit avoir lus autrefois dans les ouvrages d'un licentié nommé Moliere:

N'apprêtons point à rire aux hommes
En nous disant nos vérités.

Enfin, ils minuterent tous trois le Décret, qui fut ensuite signé par tous les sages maîtres.

,, Nous, assemblés extraordinairement dans la ,, Ville des Facéties, & dans les mêmes écoles

,, où nous recommandames, au nombre de foixante
,, & onze, à tous les fujets, de garder leur fer-
,, ment de fidélité à leur Roi Henri III, & en
,, l'année 1592 recommandames pareillement de
,, prier Dieu pour Henri IV, &c. &c.

,, Animés du même efprit qui nous guide tou-
,, jours, nous donnons à tous les diables un nom-
,, mé Bélifaire, général d'armée, en fon vivant,
,, d'un nommé Juftinien; lequel Bélifaire outre-
,, paffant fes pouvoirs, aurait méchamment &
,, proditoirement confeillé au dit Juftinien d'être
,, bon & indulgent, & aurait infinué avec mali-
,, ce que Dieu était miféricordieux. Condamnons
,, cette propofition comme blafphématoire, im-
,, pie, hérétique, fentant l'héréfie. Défendons,
,, fous peine de damnation éternelle, felon le
,, droit que nous en avons, de lire le dit livre
,, fentant l'héréfie, & enjoignons à tous les fide-
,, les de nous rapporter les exemplaires du dit livre,
,, lefquels ne valaient précédemment qu'un écu,
,, & que nous revendrons un Louïs d'or avec le
,, Décret ci-joint. ''

A peine ce Décret fut-il figné, qu'on apprit que
tous les Jéfuites avaient été chaffés d'Efpagne. Et
ce fut une fi grande joie dans Paris, qu'on ne
penfa plus à la Sorbonne.

LETTRE

De l'*Archevêque de* Cantorberi à
l'*Archevêque de* Paris.

J'Ai reçu, Mylord, votre Mandement contre le
grand Bélifaire, Général d'armée de Juftinien, &
contre Mr. Marmontel de l'Académie Françaife,

D 5

avec vos armoiries placées en deux endroits, fur-
montées d'un grand chapeau, & accompagnées de
deux pendans de quinze houpes chacun; le tout
figné, Chriftophe, par Monfeigneur La Touche,
avec paraphe.

Nous ne donnons, nous autres, de Mandemens
que fur nos Fermiers; & je vous avoue, Mylord,
que j'aurais defiré un peu plus d'humilité chrétienne dans votre affaire. Je ne vois pas d'ailleurs
pourquoi vous affectez d'annoncer dans votre titre,
que vous condamnez *Mr. Marmontel de l'Académie Françaife.*

Si ceux qui ont rédigé votre Mandement ont
trouvé qu'un Général d'armée de Juftinien ne s'expliquait pas en Théologien congru de votre communion, il femble qu'il fallait vous contenter de
le dire fans compromettre un Corps refpectable,
compofé de Princes du fang, de Cardinaux, de
Prélats comme vous, de Ducs & Pairs, de Maré-
chaux de France, de Magiftrats, & des gens de
Lettres les plus illuftres. Je penfe que l'Académie
Françaife n'a rien à démêler avec vos difputes
théologiques.

Permettez-moi encore de vous dire, que fi nous
donnions des Mandemens dans de pareilles occa-
fions, nous les ferions nous-mêmes.

J'ai été fâché que votre Mandataire ait condamné cette propofition de ce grand Capitaine Bélifaire, *Dieu eft terrible aux méchans, je le crois;
mais je fuis bon.*

Je vous affure, Mylord, que fi nôtre Roi, qui
eft le Chef de notre Eglife, difait, *je fuis bon,*
nous ne ferions point de Mandement contre lui.
Je fuis bon, veut dire (ce me femble) par tout
pays, j'ai le cœur bon, j'aime le bien, j'aime la
juftice, je veux que mes fujets foient heureux. Je
ne vois point du tout qu'on doive être damné pour
avoir le cœur bon. Le Roi de France, (à ce que
j'entends dire à tout le monde) eft très-bon, & fi
bon qu'il vous a pardonné des défobéiffances réi-

térées qui ont troublé la France, & que toute l'Europe n'a pas regardées comme une marque d'un esprit bien fait. Vous êtes sans doute affez *bon* pour vous en repentir.

Nous ne voyons pas que Bélisaire soit digne de l'enfer pour avoir dit qu'il était un bon homme. Vous prétendez que cette bonté est une héréfie, parce que S. Pierre, dans fa premiere Epitre chap. V. ŷ. 5. a dit que *Dieu réfifte aux fuperbes.* Mais celui qui a fait votre Mandement n'a gueres pensé à ce qu'il écrivait. Dieu réfifte, je le veux; la réfiftance fied bien à Dieu. Mais à qui réfifte-t-il, felon Pierre? lifez, degrace, ce qui précede; & vous verrez qu'il réfifte aux Prêtres qui paiffent mal leur troupeau, & fur-tout aux jeunes qui ne font pas foumis aux vieillards. *Infpirez-vous,* dit-il, *l'humilité les uns aux autres; car Dieu réfifte aux fuperbes.*

Or je vous demande quel raport il y a entre cette réfiftance de Dieu & la bonté de Bélisaire? Il est utile de recommander l'humilité, mais il faut auffi recommander le fens commun.

On est bien étonné que votre Mandataire ait critiqué cette expreffion humaine & naïve de Bélisaire: *Eft-il befoin qu'il y ait tant de réprouvés?* nonfeulement vous ne voulez pas que Bélisaire foit bon, mais vous voulez auffi que le Dieu de miféricorde ne foit pas bon. Quel plaifir aurez-vous, s'il vous plait, quand tout le monde fera damné? Nous ne fommes point fi impitoyables dans notre Ifle. Notre prédéceffeur, le grand Tillotfon, reconnu pour le prédicateur de l'Europe le plus fenfé & le moins déclamateur, a parlé comme Bélisaire dans prefque tous fes Sermons; Vous me permettrez ici de prendre fon parti. Soyez damné, fi vous le voulez, Mylord, vous & votre Mandataire, j'y confens de tout mon cœur; mais je vous avertis que je ne veux point l'être, & que je fouhaiterais auffi que mes amis ne le fuffent point. Il faut avoir un peu de charité.

J'aurais bien d'autres chofes à dire à votre Mandataire. Je lui recommanderais fur-tout d'être moins ennuyeux. L'ennui eſt toujours mortel pour les Mandemens; c'eſt un point eſſentiel auquel on ne prend pas aſſez garde dans votre pays.

Sur ce, mon cher confrere, je vous recommande à la *bonté* Divine, quoique le mot de *bon* vous faſſe tant de peine.

Votre *bon* confrere l'Archevêque de Cantorberi.

P. S. Quand vous écrirez à l'Evêque de Rome, faites-lui, je vous prie, mes complimens. J'ai toujours beaucoup de confidération pour lui en qualité de frere. On me mande qu'il a eſſuyé depuis peu quelques petits defagrémens; qu'un cheval de Naples a donné un terrible coup de pied à ſa mule; qu'une barque de Veniſe a ſerré de près la barque de St. Pierre; & qu'un fromage du Parméſan lui a donné une indigeſtion violente. J'en fuis fàché. On dit que c'eſt un *bon homme*; pardonnez-moi ce mot. J'ai fort connu ſon pere dans mon voyage d'Italie; c'était un *bon* banquier; mais il paraît que le fils n'entend pas ſon compte.

LETTRE

PASTORALE

A Monſieur l'Archevêque d'Auch.

IL parut fous votre nom, Monſieur, en 1764. une Inſtruction Paſtorale qui n'eſt malheureuſement qu'un libelle diffamatoire. On s'éleve dans cet ouvrage contre le Recueil des aſſertions con-

facré par le Parlement de Paris; on y regarde les
Jéfuites comme des martyrs, & les Parlements comme des prefécuteurs ; (*a*) on y accufe d'injuftice
l'Edit du Roi, qui bannit irrévocablement les Jéfuites du Royaume. Cette Inftruction Paftorale a
été brûlée par la main du bourreau. Le Roi fait
réprimer les attentats à fon autorité ; les Parlements
favent les punir. Mais les Citoyens, qui font atta-
qués avec tant d'infolence dans ce libelle, n'ont
d'autre reffource que celle de confondre les calomnies. Vous avez ofé infulter des hommes vertueux,
que vous n'êtes pas à portée de connaître; vous
avez fur-tout indignement outragé un Citoyen, qui
demeure à cent cinquante lieues de vous: vous
dites à vos Diocéfains d'Auch, que ce Citoyen, officier du Roi, & membre d'un corps à qui vous
devez du refpect, (*b*) eft un vagabond & un fugi-
tif du Royaume; tandis qu'il réfide depuis quinze
années dans fes terres, où il répand plus de bienfaits que vous ne faites dans votre Diocefe, quoique vous foyez plus riche que lui; vous le traitez
de mercenaire, dans le temps même qu'il donnait des
fecours généreux à votre neveu dont les terres font
voifines des fiennes: ainfi vous couronnez vos calomnies par la lâcheté & par l'ingratitude. Si c'eft
un Jéfuite qui eft l'auteur de votre Brochure, comme on le croit, vous êtes bien à plaindre de l'avoir
fignée. Si c'eft vous qui l'avez faite, ce qu'on ne
croit pas, vous êtes plus à plaindre encore. Vous
favez tout ce que vos parens & tout ce que des
hommes d'honneur vous ont écrit fur le fcandale
que vous avez donné, qui déshonorerait à jamais
l'Epifcopat, & qui le rendrait méprifable, s'il pou-

(*a*) Nos Peres vous avaient appris à refpecter les
Jéfuites &c. pag. 35. & fuivantes du Mandement
de Mr. d'Auch.

(*b*) Pag. 12, 13 & 14. du Libelle.

vait l'être. On a épuifé toutes les voies de l'honnêteté pour vous faire rentrer en vous-même. Il ne reſte plus à une famille confidérable, fi infolemment outragée, qu'à dénoncer au public l'Auteur du libelle, comme un fcélérat dont on dédaigne de fe venger, mais qu'on doit faire connaître. On ne veut pas foupçonner que vous ayez pu compofer ce tiſſu d'infamies, dans lequel il y a quelque ombre d'érudition. Mais quel que foit fon abominable auteur, on ne lui répond qu'en fervant la religion qu'il déshonore, en continuant à faire du bien, & en priant Dieu qu'il convertiſſe un ame fi perverfe & fi lâche; s'il eſt poffible pourtant qu'un calomniateur fe convertiſſe.

LA PROPHETIE

DE LA SORBONNE.

De l'an 1530, tirée des manufcrits de Mr. BALUZE, *Tome premier pag.* 117.

AU *Prima menſis* tu boiras
D'aſſez mauvais vin largement.
En mauvais latin parleras,
Et en français pareillement.
Pour & contre clabauderas
Sur l'un & l'autre Teſtament.
Vingt fois de parti changeras

Pour quelques écus feulement. (*a*)
Henri quatre tu maudiras
Quatre fois folemnellement. (*b*)
La mémoire tu béniras
Du bienheureux Jacques Clément. (*c*)
La Bulle humblement recevras,
L'ayant rejettée hautement. (*d*)
Les décrets que grifonneras
Seront fiflés publiquement. (*e*)
Les Jéfuites remplaceras,
Et les pafferas mêmement.
A la fin comme eux tu feras
Chaffé très vraifemblablement. (*f*)

(*a*) On a encore à Londres les quittances des docteurs de Sorbonne confultés le 2 Juillet en 1530, fur
le divorce de Henri VIII, par Thomas Krouk agent de
ce tyran, qui délivra l'argent aux docteurs.

(*b*) Il y eut quatre principaux libelles de la Sorbonne appellés décrets, qui méritaient le dernier fupplice.
Le plus violent eft du 7 May 1590. On y déclare
excommunié & damné le grand Henri IV, ainfi que
tous fes fujets fideles.

(*c*) Le moine Jaques Clément, étudiant en Sorbonne, ne voulut entreprendre fon faint parricide que
lorfque foixante & douze docteurs eurent déclaré unani-
mement le trône vacant, & les fujets déliés du ferment
de fidélité, le 7 Janvier 1589.

(*d*) On fait que la Sorbonne appella de la Bulle
Unigenitus au futur Concile en 1718, & la reçut
enfuite comme regle de foi.

(*e*) C'eft ce qui vient d'arriver, & ce qui déformais arrivera toujours.

(*f*) *Amen!*

INSTRUCTION

PASTORALE

De l'humble Evêque d'Alétopolis, à l'occasion de l'Instruction pastorale de Jean George humble Evêque du Puy.

MES CHERS FRERES.

Mon confrere Jean George du Puy a voulu vous inftruire par un gros volume. Vous favez que la vérité eft au fond du Puits; mais vous ne favez pas encore fi Jean George l'en a tirée. Vous vous êtes récriés d'abord en voyant les armories de Jean George en taille rude à la tête de fon ouvrage. Cet écuffon repréfente un homme monté fur un quadrupede; vous doutez fi cet animal eft la monture de Balaam, ou celle du chevalier que Cervantes a rendu fameux. L'un était un prophete, & l'autre un redreffeur de torts; vous ignorez qui des deux eft le patron de mon cher confrere. Vous êtes étonnés que fon humilité ne l'empêche pas de s'intituler *Monfeigneur*; mais il n'a pas craint que fa vertu fe démentît dans fon cœur par ce titre faftueux. Les peres de l'églife ne mettaient pas ces enfeignes de la vanité à la tête de leurs ouvrages; nous ne voyons pas même que les Evangiles aient été écrits par Monfeigneur Matthieu & par Monfeigneur Luc. Mais auffi, mes chers freres, confiderez que les ouvrages de Monfeigneur Jean George ne font pas paroles d'évangile.

Il a foin de nous avertir que de plus il s'appelle *Pompignan*. Nous avons vu, à ce grand nom, les fronts les plus féveres fe dérider, & la joie répandue fur tous les vifages, jufqu'au moment où la lecture des premieres pages a changé abfolument

toutes

toutes les phyſionomies, & plongé les eſprits dans
un doux repos. Et bientôt on a demandé dans la
petite ville du Puy, s'il était vrai que Monſeigneur
était auteur à Paris ; & on a demandé dans Paris, ſi
cet Evêque avait imprimé au Puy un ouvrage.

J'avoue que tous nos confreres ont trouvé mauvais qu'on proſtituât ainſi la dignité du ſaint mini-
ſtere ; que ſous prétexte de faire un mandement
dans un petit dioceſe, on imprimât en effet un livre qui n'eſt pas fait pour ce dioceſe, & qu'on af-
fectât de parler de Neuton & de Loke aux habitants du Puy en Vélai. Nous en ſommes d'autant
plus ſurpris, que les ouvrages de ces Anglais ne ſont
pas plus connus des habitans du Vélai que de Monſeigneur. Enfin nous avouons, qu'après le péché
mortel, ce qu'un Evêque doit le plus éviter c'eſt
le ridicule.

Comme notre dioceſe eſt extrêmement éloigné
du ſien, nous nous ſervons, à ſon exemple, de la
voie de l'impreſſion pour lui faire une correction fra-
ternelle, que tous les bons chrétiens ſe doivent les
uns aux autres ; devoir dont ils ſe ſont fidelement
acquités dans tous les temps.

Ce n'eſt pas que nous voulions conteſter à Jean
George ſes prétentions épiſcopales au bel eſprit ;
ce n'eſt pas que nous ne ſachions eſtimer ſon zele
ardent, qui, dans la crainte d'omettre les choſes
utiles, ſe répand preſque toujours ſur celles qui
ne le ſont pas: Nous convenons de ſon éloquence abondante, qui n'eſt jamais étouffée ſous les penſées ; nous admirons ſa charité chrétienne, qui devine les plus ſecrets ſentimens de tous ſes contemporains, & qui les empoiſonne, de peur que leurs
ſentimens n'empoiſonnent le ſiecle.

Mais en rendant juſtice à toutes les grandes
qualités de Jean George, nous tremblons, mes
chers freres, qu'il n'ait fait une bévue dans ſon
Inſtruction paſtorale, laquelle pluſieurs malins d'entre vous diſent n'être ni d'un homme inſtruit, ni
d'un paſteur. Cette bévue conſiſte à regarder les

E

plus grands génies comme des incrédules; il met dans cette claffe Montaigne, Charron, Fontenelle, & tous les auteurs de nos jours, fans parler de la priere en déifte de Monfieur fon frere ainé, que Dieu abfolve.

C'eft une entreprife un peu trop forte d'écrire contre tout fon fiecle ; & ce n'eft peut-être pas avoir un zele felon la fcience, que de dire : mes freres, tous les gens d'efprit & tous les favans penfent autrement que moi, tous fe moquent de moi ; croyez donc tout ce que je vais vous dire. Ce tour ne vous a pas paru affez habile.

On dit auffi qu'il y a, dans l'in-quarto de mon confrere Jean George, un long chapitre contre la tolérance, malgré la parole de Jéfus-Chrift & des Apôtres, qui nous ordonnent de nous fupporter les uns les autres. Mes freres, je vous exhorte, felon cette parole, à fupporter Jean George. Vouz avez beau dire que fon livre eft infupportable; ce n'eft pas une raifon pour rompre les liens de la charité. Si fon ouvrage vous a paru trop gros, je dois vous dire, pour vous raffurer, que mon relieur m'a promis qu'il ferait fort plat quand il aurait été battu.

Nous demeurons donc unis à Jean George, & même à Jean Jacques, quoi que nous penfions différemment d'eux fur quelques articles. Ce qui nous confole, c'eft qu'on nous affure de tous côtés, que l'œuvre de notre confrere du Puy eft comme l'arche du Seigneur ; elle eft fainte ; elle eft expofée en public ; & perfonne n'approche d'elle.

Bon foir mes freres.

L'humble Evêque d'Alétopolis.

A WARBURTON.

TU exerces ton infolence & tes fureurs fur les
étrangers comme fur tes compatriotes. Tu voulais
que ton nom fût par-tout en horreur; tu as réuffi.
Après avoir commenté Shakefpear, tu as commenté Moyfe. Tu as écrit une rapfodie en quatre gros volumes, pour montrer que Dieu n'a jamais enfeigné l'immortalité de l'ame pendant près
de quatre mille ans; & tandis qu'Homere l'annonce, tu veux qu'elle foit ignorée dans l'Ecriture
Sainte. Ce dogme eft celui de toutes les nations
policées; & tu prétends que les Juifs ne le con-
naiffaient pas.

Ayant mis ainfi le vrai Dieu au-deffous des faux
dieux, tu feins de foutenir une religion que tu as
violemment combattue. Tu crois expier ton fcandale [en] attaquant les Sages. Tu penfes te laver
en les couvrant de ton ordure. Tu crois écra-
fer d'une main la religion chrétienne, & tous les
littérateurs de l'autre; tel eft ton caractere. Ce
mélange d'orgueil, d'envie & de témérité, n'eft
pas ordinaire. Il t'a effrayé toi-même; tu t'es
enveloppé dans les nuages de l'antiquité & dans
l'obfcurité de ton ftile; tu as couvert d'un mafque
ton affreux vifage. Voyons fi on peut faire tomber d'un feul coup ce mafque ridicule.

Tous les Sages s'accordent à penfer que la législation des Juifs les rendait néceffairement les ennemis des nations.

Tu contredis cette opinion fi générale & fi
vraie dans ton ftile de Billingsgate: voici tes paroles.

„ Je ne crois pas qu'il foit aifé d'entaffer, mê-
„ me dans le plus fale égoût de l'irréligion, tant
„ de fauffetés, d'abfurdités & de malice.... Com-
„ ment peut-il foutenir à vifage découvert, & à
„ la face du foleil, que la loi mofaïque ordonnait
„ aux Juifs d'entreprendre de vaftes conquêtes,

E 2

„ ou qu'elle les y encourageait, puisqu'elle leur
„ affignait un diftrict très borné, &c?

Je paffe fous filence les injures auffi groffieres
que lâches, dignes des portefaix de Londres &
de toi; & je viens à ce que tu ofes appeller des
raifons: elles font moins fortes que tes injures.

Voyons d'abord s'il eft vrai qu'on ait promis
aux Juifs un fi petit diftrict.

„ En ce jour le Seigneur fit un pacte avec
„ Abraham, & lui dit: (*) Je donnerai à ta fé-
„ mence la terre depuis le fleuve d'Egypte juf-
„ qu'au grand fleuve d'Euphrate.

C'était promettre aux Juifs, par ferment, l'ifthme
de Suez, une partie de l'Arabie entiere, tout ce
qui fut depuis le royaume des Séleucides. Si c'eft
là un petit pays, il faut que les Juifs fuffent diffi-
ciles; il eft vrai qu'ils ne l'ont pas poffédé, mais
il ne leur a pas été moins promis.

Les Juifs renfermés dans le Canaan vécurent
des fiecles fans connaître ces vaftes contrées; &
ils n'eurent gueres de notions de l'Euphrate &
du Tigre, que pour y être traînés en efclavage.
Mais voici bien d'autres promeffes; voyez Ifaïe
au chap. 49.

„ Le Seigneur a dit: j'étendrai mes mains fur
„ toutes les nations, je leverai mon figne fur les
„ peuples; ils vous apporteront leurs fils dans
„ leurs bras & leurs filles fur leurs épaules; les
„ rois feront vos nourriciers, & leurs filles vos
„ nourrices: ils vous adoreront, le vifage en ter-
„ re, & ils lécheront la poudre de vos pieds.

N'eft-ce pas leur promettre évidemment qu'ils
feront les maîtres du monde, & que tous les rois
feront leurs efclaves? Eh bien, Warburton, que
dis-tu de ce petit diftrict?

Tu fais fur combien de paffages les Juifs fon-

(*) Genefe. Chap. 15.

daient leur orgueil & leurs vaines espérances; mais ceux-ci suffisent pour démontrer que tu n'as pas même entendu les livres saints contre lesquels tu as écrit. Voi si le sale égoût de l'irréligion n'est pas celui dans lequel tu barbotes.

Venons maintenant à la haine invétérée que les Israëlites avaient conçue contre toutes les nations. Di-moi si on égorge les peres & les meres, les fils & les filles, les enfans à la mammelle, & les animaux-mêmes, sans haïr? Tu hais, tu calomnies; on te déteste dans ton pays, & tu détestes; mais si tu avais trempé dans le sang tes mains qui dégoûtent de fiel & d'encre, oserais-tu dire que tu aurais assassiné sans colere & sans haine? relis tous les passages où il est ordonné aux Juifs de ne pas laisser une ame en vie, & dis (si tu en as le front) qu'il ne leur était pas permis de haïr. Est-il possible qu'un cœur tel que le tien se trompe si grossierement sur la haine! C'est un usurier qui ne sait pas compter.

Quoi! ordonner qu'on ne mange pas dans le plat dont un étranger s'est servi, de ne pas toucher ses habits, ce n'est pas ordonner l'aversion pour les étrangers?

On me dira qu'il y a beaucoup d'honnêtes gens, qui, sans te montrer de colere, ne veulent pas dîner avec toi, par la seule raison que ton pédantisme les ennuie, & que ton insolence les révolte. Mais sois sûr qu'ils te haïssent, toi & tous les pédants barbares qui te ressemblent.

Les Juifs, dis-tu, ne haïssaient que l'idolâtrie, & non les idolâtres: plaisante distinction!

Un jour un tigre rassasié de carnage recontra des brebis, qui prirent la fuite; il courut après elles & leur dit: mes enfans, vous vous imaginez que je ne vous aime point, vous avez tort; c'est votre bêlement que je hais; mais j'ai du goût pour vos personnes, & je vous chéris au point que je ne veux faire qu'une chair avec vous; je m'unis à vous par la chair & le sang; je bois l'un, je man-

E 3

ge l'autre pour vous incorporer à moi; jugez fi
on peut aimer plus intimement.

Bon foir, Warburton.

ESSAI

HISTORIQUE ET CRITIQUE

SUR LES

DISSENTIONS DES EGLISES

DE POLOGNE

Par JOSEPH BOURDILLON, *Profeſſeur*
en Droit public.

AVANT de donner au public une idée juſte des
différents qui diviſent aujourd'hui la Pologne, avant
de déférer au tribunal du genre humain la cauſe
des Diſſidents Grecs, Romains & Proteſtants, il eſt
néceſſaire de faire voir premierement ce que c'eſt
que l'Egliſe Grecque.

Il faut avouer d'abord que les Egliſes Grecque
& Syriaque furent inſtituées les premieres, & que
l'Orient enſeigna l'Occident. Nous n'avons aucune preuve que Pierre ait été à Rome; & nous ſommes ſûrs qu'il reſta longtemps en Syrie, & qu'il
alla juſqu'à Babylone. Paul était de Tarſe en Ci-
licie. Ses ouvrages ſont écrits en Grec. Nous n'a-
vons aucun Evangile qui ne ſoit Grec. Tous les

peres des quatre premiers fiecles, jufqu'à Jérome, ont été Grecs, Syriens ou Africains. Prefque tous les rites de la communion Romaine atteftent encore par leurs noms-mêmes leurs origine grecque; Eglife, Baptême, Paraclet, Liturgie, Litanie, Symbole, Euchariftie, Agape, Epiphanie, Evêque, Prêtre, Diacre, Pape même, tout annonce que l'Eglife d'Occident eft la fille de l'Eglife d'Orient, fille qui dans fa puiffance a méconnu fa mere.

Aucun Evêque de Rome ne fut compté ni parmi les peres, ni même parmi les autres approuvés, pendant plus de fix fiecles entiers. Tandis qu'Athénagore, Ephrem, Juftin, Tertullien, Clément d'Alexandrie, Origene, Cyprien, Irénée, Athanafe, Eufebe, Jérome, Auguftin, rempliffaient le monde de leurs écrits, les Evêques de Rome en filence fe bornaient au foin d'établir leur troupeau, qui croiffait de jour en jour.

Nous n'avons fous le nom d'un Evêque de Rome que les Récognitions de Clément. Il eft prouvé qu'elles ne font pas de lui; & fi elles en étaient, elles ne feraient pas honneur à fa mémoire. Ce font des conférences de Clément avec Pierre, Zachée, Barnabé, & Simon le magicien. Ils rencontrent vers Tripoli un vieillard; & Pierre devine que ce vieillard eft de la race de Céfar; qu'il époufa Mathidie, dont il eut trois enfans; que Clément eft le cadet de ces enfans; ainfi Clément eft reconnu pour être de la maifon Impériale. C'eft apparemment cette reconnaiffance qui a donné le titre au livre; encore cette rapfodie eft-elle écrite en grec.

Mais aucun prêtre Chrétien, foit Grec, foit Syriaque, ou Africain, ou Italien, n'eut certainement d'autre puiffance que celle de parler toutes les langues du monde, de faire des miracles, de chaffer les diables; puiffance admirable, que nous fommes bien loin de leur contefter.

Qu'il nous foit permis de le dire fans offenfer
E 4

perſonne : ſi l'ambition pouvait s'en tenir aux paroles expreſſes de l'Evangile, elle verrait évidemment que les Apôtres n'ont reçu aucune domina-
tion temporelle de Jéſus-Chriſt, qui lui-même n'en
avait pas ; elle verrait que ſes diſciples étaient
tous égaux, & que Jéſus-Chriſt même a menacé
de châtiment ceux qui voudraient s'élever au-
deſſus des autres.

Pour peu qu'on ſoit inſtruit, on ſait que dans
le premier ſiecle il n'y eut aucun ſiege Épiſcopal
particulier. Les Apôtres & leurs ſucceſſeurs ſe ca-
chaient tantôt dans un lieu, tantôt dans un autre ; & certainement lorſqu'ils prêchaient de village
en village, de cave en cave, de galetas en galetas, ils n'avaient ni trône épiſcopal, ni juriſdic-
tion, ni gardes ; & quatre principaux Barons ne
portaient point à leur entrée les cordons d'un dais
ſuperbe, ſous lequel on eût vu André & Luc portés pompeuſement comme des Souverains.

Dès le ſecond ſiecle la place d'Evêque fut lucra-
tive par les aumônes des Chrétiens ; & conſéquem-
ment les Evêques des grandes villes furent plus
riches que les autres : étant plus riches, ils eurent
plus de crédit & de pouvoir.

Si quelque Evêque avait pu prétendre à la ſupé-
riorité, c'eût été aſſurément l'Evêque de Jéruſalem, non pas comme le plus riche, mais comme
celui qui, ſelon l'opinion vulgaire, avait ſuccédé à
St. Jaques le propre frere de Jéſus-Chriſt. Jéruſalem était le berceau de la religion Chrétienne.
Son fondateur y était mort par un ſuplice cruel ; il
était reçu que Jaques ſon frere y avait été lapidé.
Marie mere de Dieu y était morte. Joſeph ſon
mari était enterré dans le pays. Tous les myſteres
du Chriſtianiſme s'y étaient opérés. Jéruſalem
était la ville ſainte, qui devait reparaître dans toute
ſa gloire pendant mille années. Que de titres pour
aſſurer à l'Evêque de Jéruſalem une prééminence
inconteſtable !

Mais lorſque le Concile de Nicée régla la hiérarchie qui avait eu tant de peine à s'établir, le gouvernement eccléfiaftique fe modela fur le po-litique. Les Evêques appellerent leurs diftricts fpi-rituels du nom temporel de *Dioceſe*. Les Evêques des grandes villes prirent le titre de Métropolitains. Le nom de Patriarche s'établit peu à peu; on don-na ce titre aux Evêques de Conftantinople & de Rome qui étaient deux villes Impériales, à ceux d'Alexandrie & d'Antioche qui étaient encore deux confidérables métropoles, & enfin à celui de Jéru-falem qu'on n'ofa pas dépouiller de cette dignité, quoique cette ville, nommée alors Elia, fût prefque dépeuplée & fituée dans un terrein ingrat, dans lequel elle ne pouvait s'affranchir de la pauvreté, n'ayant jamais fleuri que par le grand concours des Juifs qui venaient autrefois y célébrer leurs gran-des fêtes, mais ne tirant alors quelque argent que des pélérinages peu fréquents des Chrétiens. Le diftrict de ce Patriarche fut très peu de chofe. Les quatre autres furent au contraire très étendus.

Il ne tomba dans la tête ni d'aucun Evêque, ni d'aucun Patriarche, de s'arroger une jurifdiction temporelle. On n'en trouve aucun exemple que dans la fubverfion de l'Empire Romain en Occi-dent.

Tout y changea; lorfque Pipin d'Auftrafie, premier domeftique d'un Prince Franc nommé Chil-deric, fe lia avec le Pape Zacharie, & enfuite avec le Pape Etienne fecond, pour rendre fon ufurpation refpectable aux peuples. Il fe fit facrer à St. Denis en France par ce même Pape Etienne : en récompenfe cet ufurpateur lui donna dans la Ro-magne quelques domaines aux dépens des ufur-pateurs Lombards.

Voilà le prémier Evêque devenu Prince. On conviendra fans peine que cette grandeur n'eft pas des temps apoftoliques. Aufli fut-elle fignalée par le meurtre & par le carnage peu de temps après fous le Pape Etienne III. Le Clergé Romain, partagé en deux partis, inonda de fang la chaire de bois

E 5

dans laquelle on prétend que St. Pierre avait prêché au peuple Romain. Il eſt vrai qu'il n'eſt pas
plus vraiſemblable que du temps de l'Empereur Ti-
bere un Galiléen ait prêché en chaire dans le *forum
Romanum*, qu'il n'eſt vraiſemblable qu'un Grec vînt
prêcher; aujourd'hui dans le grand bazar de Stam-
boul. Mais enfin il y avait à Rome, du temps
d'Etienne III, une chaire de bois; & elle fut en-
tourée de cadavres ſanglants.

Lorſque Charlemagne partit de la Germanie pour
uſurper la Lombardie, lorſqu'il eut privé ſes ne-
veux de l'héritage de leur pere Pipin, lorſqu'il eut
enfermé en priſon ces enfans innocents dont on
n'entendit plus parler depuis, lorſque ſes ſuccès
eurent couronné ce crime, lorſqu'il ſe fut fait reconnaître Empereur dans Rome, il donna encore
de nouvelles Seigneuries au Pape Léon III, qui
lui mit dans l'Egliſe de St. Pierre une couronne
d'or ſur la tête, & une manteau de pourpre ſur les
épaules.

Cependant remarquons que ce Pape Léon III,
encore ſujet des Empereurs réſidents à Conſtanti-
nople, n'oſa pas ſacrer un Allemand; tant ce vieux
reſpect pour l'Empire Romain prévalait encore.
Ce n'était qu'une cérémonie de plus; mais elle était
réputée ſainte, & on n'oſait la faire. La faibleſſe ſe
joignait à l'audace de l'eſprit, qui ſouvent n'oſe fran-
chir la ſeconde barriere après avoir abattu la premiere.

Charlemagne fut toujours le maître dans Rome;
mais dans la décadence de ſa maiſon le peuple
Romain reprit un peu ſa liberté, & la diſputa toujours contre l'Evêque, contre la maiſon de Toſca-
nelle, contre les Gui de Spolette, contre les Bé-
rengers & d'autres tyrans; juſqu'à-ce qu'enfin l'im-
prudent *Octavien Sporco*, qui le premier changea ſon
nom à ſon avénement au Pontificat, appella Othon
de Saxe en Italie. Ce Sporco eſt connu ſous le
nom de Jean XII. Il était fils de cette fameuſe
Maroſie, qui avait fait Pape ſon bâtard Jean XI,
né de ſon inceſte avec le Pape Sergius III.

Jean XII était patrice de Rome, ainſi qu'Albéric ſon pere dernier mari de Maroſie. Ils tenaient cette dignité de l'Empereur Coſtantin Porphyrogénete; preuve évidente que les Romains, au mi-lieu de leur anarchie, reconnaiſſaient toujours les Empereurs Grecs pour les vrais ſucceſſeurs des Céſars: mais dans leurs troubles ils avaient recours tantôt aux Allemands, tantôt aux Hongrois, & ſe donnaient tour à tour pluſieurs maîtres pour n'en avoir aucun.

On ſait comment le Roi d'Allemagne Othon, appellé à Rome par ce Jean XII, & enſuite trahi par lui, le fit dépoſer pour ſes crimes. Le procès verbal exiſte; il fait frémir.

Tous les Papes ſes ſucceſſeurs eurent à combat-tre les prétentions de Empereurs Allemands ſur Rome, les anciens droits des Empereurs Grecs, & juſqu'aux Sarraſins-mêmes. Ils ne furent puiſſants que par l'intrigue & par l'opinion du vulgaire, opi-nion qu'ils ſurent établir, & dont ils ſurent toujours profiter.

Grégoire VIII, qui, à la faveur de cette opinion, & ſur-tout des fauſſes décrétales, marcha ſur les têtes des Empereurs & des Rois, ne put jamais être le maître dans Rome. Les Papes ne purent enfin avoir la ſouveraineté de cette ville que lorſ-qu'ils ſe furent emparés du Môle d'Adrien appellé depuis St. Ange, qui avait toujours appartenu au peuple ou à ceux qui le repréſentaient.

La vraie puiſſance des Papes, & celle des Evê-ques d'Occident, ne s'établit en Allemagne que dans l'interregne & l'anarchie, vers le temps de l'élection de Rodolphe de Habsbourg à l'Empire: ce fut alors que les Evêques Allemands furent vé-ritablement ſouverains.

Jamais rien de ſemblable ne s'eſt vu dans l'Egliſe Grecque. Elle fut toujours ſoumiſe aux Empereurs juſqu'au dernier Conſtantin; & dans le vaſte Em-pire de la Ruſſie elle eſt entierement dépendante du pouvoir ſuprême. On n'y connaît pas plus qu'en Angleterre la diſtinction des deux puiſſances; l'autel eſt ſubordonné au trône; & ces mots-mêmes, *les deux puiſſances*, y ſont un crime de leſe-Majeſté.

Cette heureuſe ſubordination eſt la ſeule digne qu'on ait pu oppoſer aux querelles théologiques, & aux torrents de ſang que ces querelles ont fait répandre dans les Egliſes d'Occident depuis l'aſſaſ-ſinat de Priſcillien juſqu'à nos jours.

Perſonne n'ignore, comme au ſeizieme ſiecle la moité de l'Europe, laſſée des crimes d'Alexan-dre VI, de l'ambition de Jules II, des extorſions de Léon X, de la vente des indulgences, de la taxe des péchés, des ſuperſtitions & des fripponneries de tant de moines, ſecoua enfin le joug appeſanti depuis longtemps. Les Grecs avaient enſeigné l'égliſe d'Occident, les Proteſtants la réformerent.

Je ne prétends point parler ici des dogmes qui diviſent les Grecs, les Romains, les Evangéliques, les Réformés & d'autres communions. Je laiſſe ce ſoin à ceux qui ſont éclairés d'une lumiere divine. Il faut l'être ſans doute, pour bien ſavoir ſi le St. Eſprit procede par ſpiration du pere & du fils, ou du fils ſeulement, lequel fils, étant engendré & n'étant point fait, ne peut pourtant engendrer. Il n'y a qu'une révélation qui puiſſe aprendre clai-rement aux Saints comment on mange le fils en corps & en ame dans un pain qui eſt anéanti, ſans manger ni le Pere ni le St. Eſprit; ou com-ment le corps & l'ame de Jéſus ſont incorporés au pain; ou comment on mange Jéſus par la foi. Ces queſtions ſont ſi divines qu'elles ne devraient point mettre la diſcorde entre ceux qui ne ſont qu'hom-mes, & qui doivent ſe borner à vivre en freres, & à cultiver la raiſon & la juſtice, ſans ſe perſécuter pour des myſteres qu'ils ne peuvent entendre.

Tout ce que j'oſerais dire en reſpectant les Evê-ques de toutes les communions, c'eſt que ceux qui iraient à pied de leur maiſon à l'Egliſe prêcher la charité & la concorde, reſſembleraient peut-être plus aux Apôtres, au moins à l'extérieur, que ceux

qui diraient quelques mots dans une meſſe en mu-
ſique à quatre parties, entourés de hallebardiers
& de mouſquetaires, & qui ne ſortiraient de l'E-
gliſe qu'au ſon des tambours & des trompettes.

Je me garderai bien d'examiner ſi celui qui na-
quit dans une étable entre un bœuf & un âne, qui
vécut & qui mourut dans l'indigence, ſe plait plus
à la pompe & aux richeſſes de ſes miniſtres qu'à
leur pauvreté & à leur ſimplicité. Nous ne ſommes plus au temps des Apôtres; mais nous ſommes
toujours au temps des citoyens: il s'agit de leurs
droits, de la liberté naturelle, de l'exécution des
loix ſolemnelles, de la foi des ſerments, de l'intérêt du genre humain. Tout cela exiſtait avant qu'il
y eût des Prélats, & exiſtera encore ſi jamais (ce
qu'à Dieu ne plaiſe) on a le malheur de ſe paſſer
de prélatures. Les dignités peuvent s'abolir, les
ſectes peuvent s'éteindre; le droit des gens eſt
éternel.

F A I T.

La religion chrétienne ne pénétra que très tard
chez les Sarmates. La nation était guerriere &
pauvre. Le zele des miſſionnaires la reſpecta. La
Pologne proprement dite ne fut chrétienne qu'à la
fin du dixieme ſiecle. Boleslas, en l'an 1001 de notre Ere vulgaire, fut le premier Roi Chrétien; & il
ſignala ſon Chriſtianiſme en faiſant crever les yeux
au Roi de Boheme.

Le grand Duché de Lithuanie, vaſte pays qui fait
preſque la moitié de la Pologne entiere, ne fut
chrétien que dans le quinzieme ſiecle, après que
Jagellon, Grand-Duc de Lithuanie, eut épouſé la
Princeſſe Edvige au quatorzieme en 1387, à condition qu'il ſerait de la Religion de la Princeſſe, &
que la Lithuanie ſerait jointe à la Pologne.

On demandera de quelle religion étaient tous
ces peuples avant qu'ils fuſſent Chrétiens? Ils ado-
raient Dieu ſous d'autres noms, d'autres emblêmes,
d'autres rites; on les appellait Payens. La grace

de Jésus Chrift, qui eft venu pour tout le monde, leur avait été refufée, ainfi qu'à plus des trois quarts de la terre. Leur temps n'était pas venu; toutes leurs générations étaient livrées aux flammes éternelles; du moins c'eft ainfi qu'on penfe à Rome, ou ce qu'on feint d'y penfer. Cette idée eft grande: tu feras puni à jamais fi tu ne penfes pas fur le bord du Volga ou du Gange comme je penfe fur le bord de l'Anio. On ne peut porter fes vues plus haut & plus loin.

Il arriva un grand malheur à ces nouveaux Chrétiens au feizieme fiecle. L'héréfie pénétra chez eux; & comme l'héréfie damne les hommes encore plus que le paganifme, le falut des Polonais était en grand danger. Ces Hérétiques fe difaient enfans de la primitive Eglife, & on les appellait novateurs; ainfi on ne pouvait convenir des qualités.

Outre ces réformés d'Occident, il y avait beaucoup de Grecs d'Orient. Ces Grecs étaient répandus dans cinq provinces de la Lithuanie converties autrefois à la foi Grecque, & annexées depuis à la Pologne. Ils n'étaient pas à la vérité auffi damnés que les évangéliques & les réformés; mais enfin ils l'étaient, puifqu'ils ne reconnaiffaient pas l'Evêque de Rome comme le maître du monde entier.

Il eft à remarquer que ces provinces Grecques, & la Pologne proprement dite, & la Lithuanie & la Ruffie fa voifine, avaient été converties par des Dames, ainfi que la Hongrie & l'Angleterre. Cette origine devait faire efpérer de la tolérance; de l'indulgence, de la bonté, des mœurs douces & faciles. Il en arriva tout autrement.

Les Evêques de Pologne font puiffants; ils n'aimaient pas à voir leur troupeau diminuer. Outre ces Evêques il y avait toujours à Varfovie un Nonce du Pape. Ce Nonce tenait lieu de grand Inquifiteur, & fon tribunal était très redoutable. Les Grecs, les Evangéliques & les Réformés, & les Unitaires qui furvinrent, tout fut perfécuté.

Le *contrains-les d'entrer* fut employé dans toute fa rigueur. C'eft une chofe admirable, que ce *contrains-les d'entrer*, qui n'eft dans l'Evangile qu'une invitation preffante à fouper, ait toujours fervi de prétexte à l'Eglife Romaine pour faire mourir les gens du faim.

Les Evêques ne manquaient pas d'excommunier tout gentilhomme du rite Grec ou de la communion Proteftante; & par un abus étrange, mais ancien, cette excomunication les privait, dans les dietes, de voix active & paffive. L'excommunication peut bien priver un homme de la dignité de Marguillier, & même du Paradis; mais elle ne doit pas s'étendre fur les effets civils. Un Prince de l'Empire, un Electeur, qu'un Evêque ou un Chapitre excommunierait, n'en ferait pas moins Prince de l'Empire. On peut juger par cette feule oppreffion combien les Diffidents étaient vexés par les tribunaux eccléfiaftiques; il fuffit de dire qu'ils étaient jugés par leurs ennemis.

Sigifmond Augufte, le dernier des Jagellons, fit ceffer ce dévot fcandale. Sa probité lui perfuada qu'il ne faut perfécuter perfonne pour la religion. Il fe fouvint que Jéfus-Chrift avait enfeigné, & non opprimé. Il comprit que l'oppreffion ne pouvait faire naître que des guerres civiles entre des gentilshommes égaux: il fit plus; dans la diete folemnelle de Vilna, le 16e Juin 1563, *il anéantit toute différence qui pourrait jamais naître entre les citoyens pour caufe de Religion.* Voici les paroles effentielles de cette loi devenue fondamentale.

„ A compter depuis ce jour, non-feulement „ les Nobles & Seigneurs avec leurs defcendants „ qui appartiennent à la communion Romaine, & „ dont les ancêtres ont obtenu auffi des lettres de „ nobleffe dans le Royame de Pologne, mais en- „ core en général tous ceux qui font de l'ordre „ Equeftre & des Nobles, foit Lithuaniens, foit „ Ruffes d'origine, *pourvu qu'ils faffent profeffion* „ *du Chriftianifme,* quand même leurs ancêtres

„ n'auraient pas acquis les droits de nobleffe dans
„ le royaume de Pologne, doivent jouir, dans toute
„ l'étendue du royaume, de tous les privileges,
„ libertés & droits de nobleffe à eux accordés, &
„ en jouir à perpétuité en commun.

„ On admettra aux dignités du Sénat & de la
„ Couronne, à toutes les charges nobles, non feu-
„ lement ceux qui appartiennent à l'Eglife Romai-
„ ne, mais auffi tous ceux qui font de l'ordre
„ Equeftre, pourvu qu'ils foient Chrétiens. . . . .
„ Nul ne fera exclu, pourvu qu'il foit Chrétien.

La diete de Grodo en 1568 confirma folemnellement ces ftatuts; & elle ajouta, pour rendre la
loi, s'il était poffible, encore plus claire, ces mots
effentiels : *de quelque communion ou confeffion que
l'on foit.*

Enfin dans la diete d'union, encore plus célebre,
tenue à Lublin en 1569, diete qui acheva d'incorporer pour jamais le grand Duché de Lithuanie à
la Couronne, on renouvella, on confirma de nouveau cette loi humaine qui regardait tous les chrétiens comme des freres, & qui devait fervir d'exemple aux autres nations.

Après la mort de Sigifmond Augufte, ce héros
de la tolérance, la république entiere confédérée
en 1573 pour l'élection d'un nouveau Roi, jura
de ne reconnaître que celui, qui ferait ferment de
maintenir cette paix des chrétiens. Henri de Valois, trop accufé d'avoir eu part aux maffacres de
la St. Barthelemi, ne balança pas à jurer, *devant le
Dieu tout-puiffant, de maintenir les droits des Diffidents;* & ce ferment de Henri de Valois fervit de
modele à fes fucceffeurs. Etienne ne lui fuccéda
qu'à cette condition. Ce fut une loi fondamentale
& facrée. Tous les nobles furent égaux par la religion comme par la nature.

C'eft ainfi qu'après l'union de l'Angleterre & de
l'Ecoffe, les Pairs d'Ecoffe Presbytériens ont eu
féance au Parlement de Londres avec les Pairs de
la communion Anglicane. Ainfi l'Evêché d'Ofna-
bruck

bruck en Allemagne appartient tantôt à un Evangélique, tantôt à un Catholique Romain. Ainsi dans
plusieurs bourgs d'Allemagne les Evangéliques
viennent chanter leurs pseaumes dès que le Curé catholique a dit sa messe. Ainsi les Chambres de
Wetzlar & de Vienne ont des Affesseurs Luthériens.
Ainsi les Réformés de France étaient Ducs & Pairs
& Généraux des armées sous le grand Henri IV;
& l'on peut croire que le Dieu de miséricorde &
de paix n'écoutait pas avec colère les différents
concerts que ses enfants lui adressaient d'un même
cœur.

Tout change avec le temps. Un Roi de Pologne,
nommé aussi Sigismond, de la race de Gustave
Vasa, voulut enfin détruire ce que le grand Sigismond, le dernier des Jagellons, avait établi. Il était
à la fois Roi de Pologne & de Suede; mais il fut
déposé en Suede par les Etats assemblés en 1592;
& malheureusement la religion Catholique Romaine lui attira cette disgrace. Les Etats du royaume
élurent son frere Charles, qui avait pour lui le cœur
des soldats & la confession d'Augsbourg. Sigismond se vengea en Pologne du Catholicisme qui lui
avait ôté la couronne de Suede.

Les Jésuites, qui le gouvernerent, lui ayant fait
perdre un royaume, le firent haïr dans l'autre.
Il ne put à la vérité révoquer une loi devenue fondamentale, confirmée par tant de Rois & de Dietes; mais il l'éluda, il la rendit inutile. Plus de
charges, plus de dignités données à ceux qui n'é-
taient pas de la Communion de Rome. On ne leur
ravit pas leurs biens, parce qu'on ne le pouvait
pas, on les véxa par une persécution sourde &
lente; & si on les tolérait, on leur fit sentir bientôt qu'on ne les tolérerait plus dès qu'on pourrait
les opprimer impunément.

Cependant la loi fut toujours plus forte que la
aine. Tous les Rois à leur couronnement firent
même serment que leurs prédécesseurs. Ladislas
VI, fils de Sigismond le Suédois, n'osa s'en dispen-

fer. Son frere Jean Cafimir, quoiqu'il eût d'abord
été Jéfuite & enfuite Cardinal, fut obligé de s'y
foumettre: tant le refpect extérieur pour les loix
reçues a de force fur les hommes.

Michel Wiefnowisky, l'illuftre Jean Sobiesky
vainqueur des Turcs, n'imaginerent pas d'éluder
cette loi à leur couronnement. L'Electeur de Saxe
Augufte, ayant renoncé à la religion Evangélique
de fes peres pour acquérir le royaume de Pologne,
jura avec plaifir cette grande loi de la tolérance,
dont un Roi, qui abandonne fa religion pour un
fceptre, femble avoir toujours befoin, & qui affu-
rait la liberté & les droits de fes anciens freres.

L'Europe fait combien fon regne fut malheureux; il fut détrôné par les armes d'un Roi Luthérien, & rétabli par les victoires d'un Czar de la
communion Grecque.

Les prêtres Catholiques Romains & leurs adhé-
rents crurent fe venger du Roi de Suede Charles
XII, en perfécutant les Polonais Evangéliques dont
il avait été le protecteur: ils en trouverent l'occafion l'année 1717, dans une diete toute compofée
de Nonces de leur parti: ils eurent le crédit, non
pas d'abolir la loi, elle était trop facrée, mais de
la limiter. On ne permit aux non-conformiftes le
libre exercice de leur religion que dans leurs E-
glifes précédemment bâties; & on alla même jusqu'à prononcer des peines pécuniares, la prifon,
le banniffèment, contre ceux qui prieraient Dieu
ailleurs. Cette claufe d'oppreffion ne paffa qu'a-
vec une extrême difficulté. Plufieurs Evêques même, plus patriotes que prêtres, & plus touchés
des droits de l'humanité que des avantages de
leur parti, eurent la gloire de s'y oppofer quelque temps.

Cette Diete de 1717. ne fongeait pas, qu'en fe
vengeant du Luthérien Charles XII. fon ennemi,
elle infultait le Grec Pierre le grand fon protecteur.
Enfin la loi paffa en partie; mais le Roi Augufte
la détruifit en la fignant. Il donna un Diplôme

le 3 Février 1717, dans lequel il s'exprime ainsi.
„ Quant à la religion des Diffidents, afin qu'ils
„ ne pensent point que la communion de la No-
„ bleffe, leur égalité & leur paix, aient été léfées
„ par les articles inférés dans le nouveau traité,
„ nous déclarons que ces articles inférés dans le
„ traité ne doivent déroger en aucune maniere aux
„ confédérations des années 1573, 1632, 1648,
„ 1669, 1674, 1697, & à nos *Pacta conventa*,
„ en tant qu'elles font utiles aux Diffidents dans
„ la religion. Nous confervons les dits Diffidents
„ en fait de religion dans leurs libertés énoncées
„ dans toutes ces confédérations, felon leur te-
„ neur (laquelle doit être tenue pour inférée &
„ exprimée ici) & hous voulons qu'ils foient con-
„ fervés par tous les états, officiers & tribunaux.
„ En foi de quoi nous avons ordonné de munir
„ ces préfentes fignées de notre main, & fcellées
„ du fceau du Royaume. Donné à Varfovie le
„ 3. Février 1717, & le 20 de notre regne.
Après cette contradiction formelle d'une loi dé-
cernée & abolie en même temps, contradiction
trop ordinaire aux hommes; le parti le plus fort
l'emporta fur le plus faible; la violence fe donna
carriere. Il eft vrai qu'on ne ralluma pas les bûchers qui mirent autrefois en cendre toute une
province du temps des Albigeois; on ne détruifit
point vingt-quatre villages inondés du fang de
leurs habitants, comme à Mérindol & à Cabriere;
les roues & les gibets ne furent point d'abord
dreffés dans les places publiques contre les Grecs
& les Proteftans, comme ils le furent en France
fous Henri II; on n'a point encore parlé en Pologne d'imiter les maffacres de la St. Barthelemi,
ni ceux d'Irlande, ni ceux des Vallées du Piémont;
les torrents de fang n'ont point encore coulé d'un
bout du Royaume à l'autre pour la caufe d'un Dieu
de paix : mais enfin, on a commencé à ravir à
des innocens la liberté & la vie. Quand les premiers coups font une fois portés, on ne fait plus

F 2

où l'on s'arrêtera : les exemples des anciennes horreurs que le fanatiſme a produites, ſont perdus pour la poſtérité ; les eſprits de ſang froid les déteſtent, & les eſprits échauffés les renouvellent.

Bientôt on démolit des Egliſes, des Ecoles, des Hôpitaux de diffidents. On leur fit payer une taxe arbitraire pour leurs baptêmes & pour leurs communions, tandis que deux cents cinquante Synagogues Juives chantaient leurs Pſeaumes Hébraïques ſans bourſe délier.

Dès l'année 1718 un Nonce du nom de Piétrosky fut chaſſé de la Chambre uniquement parce qu'il était Diffident. Le Capitaine Kéler, accuſé par l'Avocat Windeleusky d'avoir ſoutenu contre lui la religion Proteſtante, eut la tête tranchée à Petekou comme blaſphémateur. Le bourgeois Hébers fut condamné à la corde ſur la même accuſation. Le gentilhomme Rosbiky fut obligé de ſortir des terres de la République. Le gentilhomme Unrug avait écrit quelques remarques & quelques extraits d'auteurs Evangéliques contre la religion Romaine ; on lui vola ſon porte-feuille ; & ſur cet effet volé, ſur des écrits qui n'étaient pas publics, ſur l'énoncé de ſes opinions permiſes par les loix, ſur le ſecret de ſa conſcience tracé de ſa main, il fut condamné à perdre la tête. Il fallut qu'il dépenſât tout ſon bien pour faire caſſer cette exécrable ſentence.

Enfin en 1724 l'exécution ſanglante de Thorn renouvella les anciennes calamités qui avaient ſouillé le Chriſtianiſme dans tant d'autres Etats. Quelques malheureux écoliers des Jéſuites & quelques bourgeois proteſtants ayant pris querelle, le peuple s'attroupa, on força le college des Jéſuites, mais ſans effuſion de ſang ; on emporta quelques images de leurs Saints, & malheureuſement une image de la Vierge, qui fut jetée dans la boue.

Il eſt certain que les écoliers des Jéſuites, ayant été les agreſſeurs, étaient les plus coupables. C'était une grande faute d'avoir pris les images des

Jéfuites, & fur-tout celle de la Ste. Vierge. Les proteftants devaient être condamnés à la rendre, ou à en fournir une autre, à demander pardon, à réparer le dommage à leurs frais, & aux peines modérées qu'un gouvernement équitable peut infliger. L'image de la Vierge Marie eft très-respectable; mais le fang des hommes l'eft, auffi. La profanation d'un portrait de la Vierge dans un Catholique eft une très-grande faute; elle eft moindre dans un Proteftant, qui n'admet point le culte des images.

Les Jéfuites demanderent vengeance au nom de Dieu & de fa mere; ils l'obtinrent malgré l'intervention de toutes les Puiffances voifines. La Cour affefforiale, à laquelle le Chancelier préfide, jugea cette caufe. Un Jéfuite y plaida contre la Ville de Thorn; l'arrêt fut porté tel que les Jéfuites le defiraient. Le Préfident Rofner, accufé de ne s'être pas affez oppofé au tumulte, fut décapité malgré les privileges de fa charge. Quelques Affeffeurs & d'autres principaux bourgeois périrent par le même fupplice. Deux artifans furent brûlés, d'autres furent pendus. On n'auroit pas traité autrement des affaffins. Les hommes n'ont pas encore appris à proportionner les peines aux fautes. Cette fcience cependant n'eft pas moins néceffaire que celle de Copernic, qui découvrit dans Thorn le vrai fyftême de l'univers, & qui prouva que notre terre, fouvent fi mal gouvernée, & affligée de tant de malheurs, roule autour du foleil dans fon orbite immenfe.

La Pologne femblait donc deftinée à fubir le fort de tant d'autres Etats, que les querelles de religion ont dévaftés.

Un miniftre Evangélique nommé Mokzulky fut tué impunément en 1753, dans un grand-chemin, par le Curé de Birze; voilà déjà une hoftilité de l'Eglife militante. Un Dominicain de Popiel, en 1762, affomma à coups de bâton le prédicant Jaugel à la porte d'un malade qu'il alloit confoler.

Le Curé de la paroiffe de Cone, rencontrant un mort Luthérien qu'on portait au cimetiere, battit le miniftre, renverfa le cercueil, & fit jeter le corps à la voirie.

En 1765. plufieurs Jéfuites, avec d'autres moines, voulurent changer les Grecs en Romains à Mfcislau en Lithuanie. Ils forçaient à coups de bâton les peres & les meres de mener les enfants dans leurs églifes. Soixante & dix gentilshommes s'y oppoferent; les miffionnaires fe battirent contre eux. Les gentilshommes furent traités comme des facrileges; ils furent condamnés à la mort, & ne fauverent leur vie qu'en allant à l'églife des Jéfuites.

On priva alors en Lithuanie du droit de bourgeoifie, on raya du corps des métiers, les bourgeois & les artifans qui n'allaient pas à la meffe Latine. Enfin on a exclu des diétines tous les gentilshommes diffidents, que les droits de la naiffance & les loix du Royaume y appellent.

Tant de rigueurs, tant de perfécutions, tant d'infractions des loix, ont enfin réveillé des gentilshommes que leurs ennemis croyaient avoir abattus. Ils s'affemblerent, ils invoquerent les loix de leur patrie, & les Puiffances garantes de ces loix.

Il faut favoir que leurs droits avaient été folemnellement confirmés par la Suede, l'Empire d'Allemagne, la Pologne entiere, & particulierement par l'Electeur de Brandebourg dans le traité d'Oliva en 1660. Ils l'avaient été plus expreffément encore par la Ruffie en 1686, quand la Pologne céda l'ancienne Kiovie, la capitale de l'Ukraine, à l'Empire Ruffe. La Religion Grecque eft nommée la *religion orthodoxe* dans les inftruments fignés par le grand Sobiesky.

Ces Nobles ont donc eu recours à ce qu'il y a de plus facré fur la terre, les ferments de leurs peres, ceux des Princes garants, les loix de leur patrie, & les loix de toutes les nations.

Ils s'addrefferent à la fois à l'Impératrice de Ruffie Catherine feconde, à la Suede, au Danemarck, à la Pruffe. Ils implorerent leur interceffion. C'était un bel exemple, dans des gentilshommes accoutumés autrefois à traiter dans leurs Dietes des affaires de l'Etat le fabre à la main, d'implorer le droit public contre la perfécution. Cette démarche même irritait leurs ennemis.

Le Roi Stanislas Poniatosky, fils de ce célebre Comte Poniatosky fi connu dans les guerres de Suede, élu du confentement unanime de fes compatriotes, ne démentit pas dans cette affaire délicate l'idée que l'Europe avait de fa prudence. Ennemi du trouble, zélé pour le bonheur & la gloire de fon pays, tolérant par humanité & par principe, religieux fans fuperftition, citoyen fur le trône, homme éclairé & homme d'efprit, il propofa des tempéraments qui pouvaient mettre en fûreté tous les droits de la religion Catholique Romaine & ceux des autres Communions. La plupart des Evêques & de leurs partifans opposerent le zele de la maifon de Dieu au zele patriotique du Monarque, qui attendit que le temps pût concilier ces deux zeles.

Cependant les gentilshommes diffidents fe confédérerent en plufieurs endroits du Royaume. On vit le 20 Mars 1767 près de quatre cents gentilshommes demander juftice par un mémoire figné d'eux, dans cette même ville de Thorn qui fumait encore du fang que les Jéfutes avaient fait répandre. D'autres confédérations fe formaient déjà en plus grand nombre, & fur-tout dans la Lithuanie, où il fe fit vingt-quatre confédérations. Toutes enfemble formerent un corps refpectable. La fubftance de leurs manifeftes contenait, „qu'ils „étaient hommes, citoyens, nobles, membres „de la légiflation, & perfécutés; que la Religion „n'a rien de commun avec l'Etat; qu'elle eft de „Dieu à l'homme, & non pas du citoyen au citoyen;

E 4

„ que la funefte coutume, de mêler Dieu aux affai-
„ res purement humaines, a enfanglanté l'Europe ·
„ depuis Conftantin ; qu'il doit en être dans les Die-
„ tes & dans le Sénat comme dans les batailles,
„ où l'on ne demande point à un Capitaine qui
„ marche aux ennemis, de quelle religion il eft ;
„ qu'il fuffit que le noble foit brave au combat &
„ jufte au confeil; qu'ils font tous nés libres, &
„ que la liberté de confcience eft la premiere des
„ libertés, fans laquelle celui qu'on appelle libre
„ ferait efclave; qu'on doit juger d'un homme
„ non par fes dogmes mais par fa conduite, non
„ par ce qu'il penfe mais par ce qu'il fait ; &
„ qu'enfin l'Evangile, qui ordonne d'obéir aux
„ Puiffances payennes, n'ordonne certainement pas
„ de dépouiller les légiflateurs chrétiens de leurs
„ droits, fous prétexte qu'ils font autrement
„ chrétiens qu'on ne l'eft à Rome." Ils for-
tifiaient toutes ces raifons par la fanction des
loix, & par les garanties protectrices de ces loix
facrées.

On ne leur oppofa qu'une feule raifon, c'eft
qu'ils réclamaient l'égalité, & que bientôt ils af-
fecteraient la fupériorité ; qu'ils étaient mécontents, & qu'ils troubleraient une Républ!que déjà
trop orageufe. Ils répondaient: nous ne l'avons
pas troublée pendant cent années; mécontents
nous fommes vos ennemis, contents nous fommes
vos défenfeurs.

Les Puiffances garantes de la paix d'Oliva prenaient hautement leur parti, & écrivaient des lettres preffantes en leur faveur. Le Roi de Pruffe
fe déclarait pour eux. Sa recommandation était
puiffante, & devait avoir plus d'effet que celle de
la Suede fur les efprits, puifqu'il donnait dans fes
Etats des exemples de tolérance que la Suede ne
donnait pas encore. Il faifait bâtir une Eglife aux
catholiques Romains de Berlin fans les craindre,
fachant bien qu'un Prince victorieux, philofophe

& armé, n'a rien à redouter d'aucune religion. Le jeune Roi de Danemarc né bienfaifant, & fon fage Miniftere, parlaient hautement.

Mais de tous les Potentats nul ne fe fignala avec autant de grandeur & d'efficace que l'Impératrice de Ruffie. Elle prévit une guerre civile en Pologne, & elle envoya la paix avec une armée. Cette armée n'a paru que pour protéger 'es Diffidents, en cas qu'on voulût les accabler par la force. On fut étonné de voir une armée Ruffe vivre au milieu de la Pologne avec beaucoup plus de difcipline que n'en eurent jamais les troupes Polonaifes. Il n'y a pas eu le plus léger défordre. Elle enrichiffait le pays au lieu de le dévafter; elle n'était là que pour protéger la tolérance; il fallait que ces troupes étrangeres donnaffent l'exemple de la fageffe, & elles le donnerent. On eût pris cette armée pour une diete affemblée en faveur de la liberté.

Les politiques ordinaires s'imaginerent que l'Impératice ne voulait que profiter des troubles de la Pologne pour s'agrandir. On ne confidérait pas que le vafte Empire de Ruffie, qui contient onze cents cinquante lieues quarrées, & qui eft plus grand que ne fut jamais l'Empire Romain, n'a pas befoin de terreins nouveaux, mais d'hommes, de loix, d'arts & d'induftrie.

Catherine feconde lui donnait déjà des hommes, en établiffant chez elle trente mille familles qui venaient cultiver les arts néceffaires. Elle lui donnait des loix, en formant un code univerfel pour fes provinces, qui touchent à la Suede & à la Chine. La premiere de ces loix était la tolérance.

On voyait avec admiration cet Empire immenfe fe peupler, s'enrichir en ouvrant fon fein à des citoyens nouveaux, tandis que de petits Etats fe privaient de leurs fujets par l'aveuglement d'un faux zele; tandis que, fans citer d'autres provinces, les feuls émigrants de Saltzbourg avaient laiffé leur patrie déferte.

Le fyftême de la tolérance a fait des progrès ra-

F 5

pides dans le Nord, depuis le Rhin jufqu'à la mer glaciale, parce que la raifon y a été écoutée, parce qu'il y eft permis de penfer & de lire. On a connu dans cette vafte partie du monde, que toutes les manieres de fervir Dieu peuvent s'accorder avec le fervice de l'Etat. C'était la maxime de l'Empire Romain dès le temps des Scipions jufqu'à celui des Trajans. Aucun Potentat n'a plus fuivi cette maxime que Catherine II. Non feulement elle établit la tolérance chez elle, mais elle a recherché la gloire de la faire naître chez fes voifins. Cette gloire eft unique. Les faftes du monde entier n'ont point d'exemple d'une armée envoyée chez des peuples confidérables pour leur dire : Vivez juftes & paifibles.

Si l'Impératrice avait voulu fortifier fon Empire des dépouilles de la Pologne, il ne tenait qu'à elle. Il fuffifait de fomenter les troubles, au lieu de les appaifer. Elle n'avait qu'à laiffer opprimer les Grecs, les Evangéliques & les Réformés, ils feraient venus en foule dans fes Etats. C'eft tout ce que la Pologne avait à craindre. Le climat ne differe pas beaucoup; & les beaux arts, l'efprit, les plaifirs, les fpectacles, les fêtes qui rendent la cour de Catherine II. la plus brillante de l'Europe, invitaient tous les étrangers. Elle forme un Empire & un fiecle nouveau, & on irait chez elle de plus loin pour l'admirer.

Tandis qu'elle parcourait les frontieres de fes Etats, & qu'elle paffait d'Europe en Afie pour voir par fes yeux les befoins & les reffources de fes peuples; fon armée, au milieu de la Pologne, fit naître longtemps des foupçons, des craintes, des animofités. Mais enfin, quand on fut bien convaincu que ces foldats n'étaient que des miniftres de paix, ce prodige inouï ouvrit les yeux à plufieurs Prélats. Ils rougirent de n'être pas plus pacifiques que des troupes Ruffes.

L'Evêque de Cracovie & le nouveau Primat,

tous deux génies fupérieurs, entrerent par cela-
même dans des vues fi falutaires. Ils fentirent qu'ils
étaient Polonais avant d'être Romains, qu'ils
étaient Sénateurs, Princes, patriotes, autant qu'-
Evêques. Mais il ne fallait pas moins qu'un Roi
philofophe, un Primat, des Evêques fages, une
Impératrice qui fe déclarait l'Apôtre de la tolérance,
pour détourner les malheurs qui menaçaient la Pologne. La philofophie a jufqu'ici prévenu dans le
Nord le carnage dont le fanatifme a fouillé longtemps tant d'autres climats.

Dans ces querelles de religion, dans cette grande difpute fur la liberté naturelle des hommes,
quelques intérêts particuliers fe font jettés à la tra-
verfe, comme il arrive en tout pays, & fur-tout
chez une nation libre; mais ils font perdus dans
l'objet principal; & comme ils n'ont pas retardé
d'un feul moment la marche uniforme dirigée vers
la tolérance, nous n'avons pas fatigué le lecteur
de ces petits mouvements qui difparaiffent dans le
mouvement général.

Il femble, par la difpofition des efprits, que les
trois Communions plaignantes rentreront dans tous
leurs droits, fans que la Communion Romaine
perde les fiens. Elle aura tout, hors le droit d'opprimer dont elle ne doit pas être jaloufe. Et fi une
grande partie du Nord a dû fon Chriftianifme à
des femmes, c'eft à une femme fupérieure qu'on
devra le véritable efprit du Chriftianifme, qui con-
fifte dans la tolérance & dans la paix.

F I N.

LETTRE
D'UN AVOCAT

Au nommé Nonnote Ex-Jéfuite.

IL eſt vrai, pauvre Ex-Jéſuite Nonnote, que j'ai
éu l'honneur d'inſtruire Mr. De V. de ton extrac-
tion, auſſi connue dans notre ville que ton érudition
& ta modeſtie. Comment peux-tu te plaindre que
j'aie révélé que ton cher pere était crocheteur,
quand ton ſtile prouve ſi évidemment la profeſſion
de ton cher pere? *Loquela tua manifeſtum te facit.*
Je n'ai point voulu t'outrager en diſant que toute
ma famille a vu ton pere ſcier du bois à la porte
des Jéſuites; c'eſt un métier très honnête, & plus
utile au public que le tien, ſur-tout en hiver où il
faut ſe chauffer. Tu me diras peut-être qu'on ſe
chauffe auſſi avec tes Ouvrages; mais il y a bien
de la différence: deux ou trois bonnes buches font
un meilleur feu que tous tes écrits.

Tu nous étales quelques quartiers de terre que
tes parents ont poſſédés auprès de Beſançon. Ah!
mon cher ami, où eſt l'humilité chrétienne? l'humilité, cette vertu ſi néceſſaire aux douceurs de la
Société? l'humilité que Platon & Epictete appellent *Tapeinotes*, & qu'ils recommandent ſi ſouvent
aux ſages? Tu tiens toujours aux grandeurs du
monde en qualité de Jéſuite; mais en cela tu n'es
pas chrétien. Songe que St. Pierre (qui par paren-
theſe n'alla jamais à Rome où le Roi d'Eſpagne
envoie aujourd'hui les Jéſuites) était un pêcheur
de Galilée; ce qui n'eſt pas une dignité fort au-
deſſus de celle dont tu rougis. St. Matthieu fut
commis aux portes, emploi maudit par Dieu-même.

Les autres Apôtres n'étaient guere plus illuſtres;
ils ne ſe vantaient pas d'avoir des armoiries, comme s'en vante Nonnote.

Tu apprends à l'univers que tu loges au ſecond

étage dans une belle maifon nouvellement bâtie ; quel excès d'orgueil ! Souvien-toi que les Apôtres logeaient dans des galetas.

Il y a trois fortes d'orgueil, Meffieurs, difait le Doéteur Swift dans un de fes Sermons, *l'orgueil de la naiffance, celui des richeffes, celui de l'efprit ; je ne vous parlerai pas du dernier, il n'y a perfonne parmi vous qui ait à fe reprocher un vice fi condamnable.*

Je ne te le réprocherai pas non plus, mon pauvre Nonnote ; mais je prierai Dieu qu'il te rende plus favant, plus honnête & plus humble. Je fuis fâché de te voir fi ignorant & fi impudent. Tu viens de faire imprimer, fous le nom d'Avignon, un nouveau libelle de ta façon intitulé : *Lettre d'un ami à un ami.* Quel titre romanefque ! Nonnote avoir un ami ! Peut-on écrire de pareilles chimeres ! C'eft bien là un menfonge imprimé.

Dans ce libelle tu gliffes fur toutes les bévues, les fottifes, les impoftures atroces dont tu as été convaincu. Tu cours fur ces endroits comme les filles qui paffent par les verges, & qui vont le plus vite qu'elles peuvent pour être moins feffées.

Mais je vois avec douleur que tu es incorrigible dans tes fautes. Que veux-tu que je réponde, quand on t'a fait voir combien de Rois de France de la premiere dynaftie ont eu plufieurs femmes à la fois, quand ton Jéfuite Daniel lui-même l'avoue, quand, l'ayant nié en ignorant, tu le nies encore en petit opiniâtre ?

Comment puis-je te défendre, quand tu t'obftines à juftifier l'infolente indifcrétion du Centurion Marcel, qui commença par jeter fon bâton de commandant & fa ceinture, en difant qu'il ne voulait pas fervir l'Empereur ? Ne fens-tu pas, pauvre fou, que dans une ville comme la nôtre, où il y a toujours une groffe garnifon, tu prêches la révolte, & que Monfieur le Commandant peut te faire paffer par les baguettes ?

Puis-je honnêtement prendre ton parti, quand tu reviens toujours à ta prétendue Légion Thébaine

martyriſée à St. Maurice? Ne fuis-je pas forcé
d'avouer que l'original de cette fable ſe trouve dans
un livre fauſſement attribué à Eucher Evêque de
Lyon mort en 454, fable dans laquelle il eſt parlé
de Sigismond de Bourgogne mort en 523? Ce miſé-
ſérable conte, auſſi bafoué aujourd'hui que tant
d'autres contes, eſt toujours renouvellé par toi, afin
que tu ne puiſſes pas te reprocher d'avoir dit un
ſeul mot de vérité.

Par quel excès d'impertinence reviens-tu trois
fois, incorrigible Nonnote, à la ville de Livron
que tu traitais de village? On avait daigné t'ap-
prendre que cette ville, autrefois fortifiée, avait été
aſſiégée par le Marquis de Bellegarde & défendue
par Roes. Rien n'eſt plus vrai; & tu défends ta
ſotte critique en avouant que Roes fut tué à ce
ſiege. Voi quel eſt ton ſens commun. Que t'importe, miſérable écrivain, que Livron ſoit une
ville ou un village?

Conſidere un peu, Nonnote, quelle eſt l'infamie
de tes procédés. Tu fais d'abord un gros libelle
anonyme contre Mr. de V. que tu ne connais pas,
qui ne t'a jamais offenſé; tu le fais imprimer à
Avignon clandeſtinement chez le Libraire Fez,
contre les loix du Royaume; tu offres enſuite de
le vendre à Mr. de V. lui-même pour mille écus;
& quand ta lâche turpitude eſt découverte, tu oſes
dire dans un autre libelle que le Libraire Fez eſt un
coquin. Que diras-tu ſi on te fait un procès criminel? quel ſera alors le coquin, du Libraire Fez ou
de toi? Ignores-tu que les libelles diffamatoires
ſont quelquefois punis par les galeres? Il t'appartient bien, à toi ex-jéſuite, de calomnier un Officier de la chambre du Roi qui a la bonté de garder
dans ſon château un Jéſuite, depuis que le bras
de la juſtice s'eſt appéſanti ſur eux! il te ſied bien
de prononcer le nom du Libraire Jore, à qui Mr.
de V. daigne faire une penſion? Si tu avais été
repentant & ſage, peut-être aurais-tu pu obtenir
auſſi une penſion de lui; mais ce n'eſt pas là ce
que tu mérites.

LETTRE

SUR

LES PANEGYRIQUES,

PAR

IRENÉE ALÉTHÈS,

Professeur en Droit dans le Canton Suisse d'Uri.

Vous avez raison, Monsieur, de vous défier des Panégyriques; ils sont presque tous composés par des sujets qui flattent un maître, ou, ce qui est pis encore, par des petits qui présentent à un grand un encens prodigué avec bassesse & reçu avec dédain.

Je suis toujours étonné que le consul Pline, digne ami de Trajan, ait eu la patience de le louer pendant trois heures, & Trajan celle de l'entendre, On dit, pour excuser l'un & l'autre, que Pline supprima, pour la commodité des auditeurs, une grande partie de son énorme discours; mais s'il en épargna la moitié à l'audience, il était encore trop long d'un quart.

Une seule chose me réconcilie avec ce Panégyrique, c'est qu'étant prononcé devant le Sénat, & devant les pricipaux Chevaliers Romains, en l'honneur d'un Prince qui regardait leurs suffrages comme sa plus noble récompense, ce discours était devenu un espece de traité entre la République & l'Empereur; Pline, en louant Trajan d'avoir été laborieux, équitable, humain, bienfaisant, l'engageait à l'être toujours. Et Trajan justifia Pline le reste de sa vie.

Eusebe de Césarée voulut, deux siecles après, faire dans une Eglise, en faveur de Constantin, ce

que Pline avait fait en faveur de Trajan dans le
Capitole : je ne fais fi le héros d'Eufebe eft comparable en rien à celui de Pline ; mais je fais que l'é-
loquence de l'Evêque eft un peu différente de celle du Conful.

„ Dieu, dit-il, a donné des qualités à la ma-
„ tiere. D'abord il l'a embellie par le nombre de
„ deux ; enfuite il l'a perfectionnée par le nombre
„ de trois, en lui donnant la longueur, la largeur
„ & la profondeur ; puis ayant doublé le nombre
„ de deux, il s'en eft formé les quatre élémens.
„ Ce nombre de quatre a produit celui de dix ;
„ trois fois dix ont fait un mois, &c..... La lune,
„ ainfi parée de trois fois dix unités qui font tren-
„ te, reparaît toujours avec un éclat nouveau ;
„ il eft donc évident que notre grand Empereur
„ Conftantin eft le digne favori de Dieu, puifqu'il
„ a régné trente années."

C'eft ainfi que raifonne l'Evêque, auteur de la
préparation évangélique, dans un difcours pour le
moins auffi long que celui de Pline le jeune.

En général nous ne louons aujourd'hui les grands
en face que très rarement ; & encore ce n'eft que
dans des épitres dédicatoires qui ne font lues de
perfonne, pas même de ceux à qui elles font a-
dreffées.

La méthode des oraifons funebres eut un grand
cours dans le beau fiecle de Louis XIV. Il s'éleva
un homme éloquent, né pour ce genre d'écrire,
qui fit non feulement fupporter fes déclamations,
mais qui les fit admirer. Il avait l'art de peindre
avec la parole. Il favait tirer de grandes beautés
d'un fujet aride. Il imitait ce Simonidès, qui
célébrait les Dieux quand il avait à louer des
perfonnages médiocres.

Il eft vrai qu'on voit trop fouvent un étrange
contrafte entre les couleurs vraies de l'hiftoire,
& le vernis brillant des oraifons funebres. Lifez
l'éloge de Michel le Tellier Chancelier de France
dans Boffuet : c'eft un fage, c'eft un jufte. Voyez
fes

fes actions les lettres de Madame de Sévigné: c'est un courtisan intrigant & dur, qui trahit la cour dans le temps de la Fronde, & enfuite fes amis pour la cour, qui traita Fouquet dans fa prifon avec la cruauté d'un geolier, qui le jugea avec barbarie, & qui mendia des voix pour le condamner à la mort. Il n'ouvrait jamais dans le conseil que des avis tyranniques. Le Comte de Grammont, en le voyant fortir du cabinet du Roi, le comparait à une fouine, qui fort d'une baffe-cour en fe léchant le museau teint du fang des animaux qu'elle a égorgés.

Ce contraste a d'abord jeté quelque ridicule fur les oraifons funebres; enfuite la multiplicité de ces déclamations a fait naître le dégoût. On les a regardées comme de vaines cérémonies, comme la partie la plus ennuyeufe d'une pompe funéraire, comme un fatigant hommage qu'on rend à la place, & non au mérite.

Qui n'a rien fait, doit être oublié. L'époufe de Louis XIV. n'était que la fille d'un Roi puiffant, & la femme d'un grand homme. Son oraifon funebre eft l'une des plus médiocres que Boffuet ait composées. Celles de Condé & de Turenne ont immortalisé leurs auteurs. Mais qu'avait fait Anne de Gonzague, Comteffe Palatine du Rhin, que Boffuet voulut auffi rendre immortelle? Retirée dans Paris, elle eut des amants & des amis. Femme d'efprit, elle étale des fentimens hardis tant qu'elle jouit de la fanté & de la beauté: vielle & infirme, elle fut dévote. Il importe peut-être affez peu aux nations qu'Anne de Gonzague fe foit convertie pour avoir vu un aveugle, une poule & un chien en fonge, (*) & qu'elle foit morte entre les mains d'un directeur.

_____

(*) Ce fut par cette vifion qu'elle comprit, dit Boffuet, qu'il manque un fens aux _Incrédules_. Trois

G

Louis XIV, longtemps vainqueur & pacificateur, plus grand dans les revers que modeste dans la prospérité, protecteur des Rois malheureux, bienfaiteur des arts, législateur, méritait sans doute, malgré ses grandes fautes, que sa mémoire fût consacrée. Mais il ne fut pas si heureusement loué après sa mort que de son vivant : soit que les malheurs de la fin de son regne eussent glacé les orateurs & indisposé le public ; soit que son panégyrique, prononcé en 1671 publiquement par Pélisson à l'Académie, fût en effet plus éloquent que toutes les oraisons composées après sa mort, soit plutôt que, dans les beaux jours de son regne, l'éclat de sa gloire se répandît sur l'ouvrage de Pélisson même. Mais, ce qui fut honorable à Louis XIV, c'est que de son vivant on prononça douze éloges de ce Monarque dans douze villes

---

mois entiers furent employés à repasser avec larmes ses ans écoulés dans les illusions, & à préparer sa confession. Dans l'approche du jour désiré, où elle espérait de la faire, elle tomba dans une syncope qui ne lui laissait ni couleur, ni pouls, ni respiration. Revenue d'une si étrange défaillance, elle se vit replongée dans un plus grand mal, & après les approches de la mort elle ressentit toutes les horreurs de l'enfer. Digne effet des Sacrements de l'église ! &c. Edition de 1749. pag. 315 & 316.

Elle vit aussi une poule qui arrachait un de ses poussins de la gueule d'un chien ; & elle entendit cette poule qui disait ; non je ne le rendrai jamais. Voyez pag. 319 de la même édition.

C'est donc là ce que rapporte cet illustre Bossuet, qui s'élevait dans le même temps avec un acharnement si impitoyable contre les visions de l'élégant & sensible Archevêque de Cambrai. O Démosthene & Sophocle! O Cicéron & Virgile! qu'eussiez-vous dit si dans votre temps des hommes, d'ailleurs éloquens, avaient débité sérieusement de pareilles pauvretés ?

d'Italie. Ils lui furent envoyés par le Marquis Zampieri dans une reliure d'or. Cet hommage fingulier
& unanime, rendu par des étrangers fans crainte
& fans efpérance, était le prix de l'encouragement
que Louïs XIV. avait donné dans l'Europe aux
beaux-arts, dont il était alors l'unique protecteur.

Un Académicien Français fit en 1748 le Pané-
girique de Louïs XV. Cette piece a cela de fingulier, que l'on n'y voit aucune adulation, pas une
feule phrafe qui fente le déclamateur ou le faifeur
de dédicace. L'auteur ne loue que par les faits.
Le Roi de France venait de finir une guerre dans
laquelle il avait gagné deux batailles en perfonne,
& de conclure une paix dans laquelle il ne voulut
jamais ftipuler pour lui le moindre avantage. Cette
conduite, fupérieure à la politique ordinaire, n'eût
pas été célébrée par Machiavel; mais elle le fût
par un citoyen philofophe. Ce citoyen, étant fujet
du Monarque auquel il rendait juftice, craignit que
fa qualité de fujet ne le fît paffer pour flatteur;
il ne fe nomma pas; l'ouvrage fut traduit en Latin,
en Efpagnol, en Italien, en Anglais. On ignora
longtemps en quelle langue il avait été d'abord écrit;
l'auteur fut inconnu; & probablement le Prince
ignore encore quel fut l'homme obfcur qui fit cet
éloge défintéreffé.

Vous voulez, Monfieur, prononcer dans votre
Académie le Panegyrique de l'Impératrice de Ruffie; vous le pouvez avec d'autant plus de bien-
féance & de dignité, que n'étant point fon fujet,
vous lui rendrez librement les mêmes honneurs que
le Marquis Zampieri rendit à Louïs XIV.

Elle fe fignale, précifément comme ce Monarque, par la protection qu'elle donne aux Arts, par
les bienfaits qu'elle a répandus hors de fon Empire, & furtout par les nobles fecours dont elle a
honoré l'innocence des Calas & des Sirven, dans
des pays qui n'étaient pas connus de fes anciens
prédéceffeurs.

Je remplis mon devoir, Monfieur, en vous fourniffant quelques couleurs que vos pinceaux mettront en œuvre ; & si c'est une indiscrétion , je commets une faute dont l'Impératrice seule pourra me savoir mauvais gré, & dont l'Europe m'applaudira. Vous verrez que si Pierre le Grand fut le vrai fondateur de son Empire, s'il fit des soldats & des matelots, si l'on peut dire qu'il créa des hommes, on pourra dire que Catherine seconde a formé leurs ames.

Elle a introduit dans sa Cour les beaux arts & le goût, ces marques certaines de la splendeur d'un Empire ; elle en assure la durée sur le fondement des Loix. Elle est la seule de tous les Monarques du monde , qui ait rassemblé des députés de toutes les villes d'Europe & d'Asie, pour former avec elle un corps de Jurisprudence universelle & uniforme. Justinien ne confia qu'à quelques Jurisconsultes le soin de rédiger un Code ; elle confie ce grand intérêt de la nation à la nation même , jugeant, avec autant d'équité que de grandeur, qu'on ne doit donner aux hommes que les loix qu'ils approuvent, & prévoyant qu'ils chériront à jamais un établissement qui sera leur ouvrage.

C'est dans ce Code qu'elle rappelle les hommes à la compassion, à l'humanité que la nature inspire, & que la tyranie étouffe ; c'est là qu'elle abolit ces supplices si cruels, si recherchés, si disproportionnés aux délits ; c'est là qu'elle rend les peines des coupables utiles à la Société ; c'est là qu'elle interdit l'affreux usage de la question , invention odieuse à toutes les ames honnêtes, contraire à la raison humaine & à la miséricorde recommandée par Dieu même; barbarie inconnue aux Grecs, exercée par les Romains contre les seuls esclaves, en horreur aux braves Anglais, proscrite dans d'autres Etats, mitigée enfin quelquefois chez ces nations qui sont esclaves de leurs anciens préjugés, & qui reviennent toujours les dernieres à la nature & à la vérité en tout genre.

Souveraine abfolue elle gémit fur l'efclavage & elle l'abhorre. Ses lumieres lui font aifément difcerner combien ces loix de fervitude, apportées autrefois du Nord dans une fi grande partie de la terre, aviliffent la nature humaine; dans quelle mifere une nation croupit quand l'agriculture n'eft que le partage des efclaves; à quel point les hommes ont été barbares, quand le gouvernement des Huns, des Goths, des Vandales, des Francs, des Bourguignons, a dégradé le genre humain.

Elle a fenti que le grand nombre, qui ne travaille jamais pour lui-même, & qui fe croit né pour fervir le plus pétit nombre, ne peut fe tirer de cet abyme fi on ne lui tend une main favorable. Mille talents périffent étouffés; nul art ne peut être exercé; une immenfe multitude eft inutile à elle-même &. à fes maîtres. Les premiers de l'Etat, mal fervis par des efclaves ineptes, font eux-mêmes les efclaves de l'ignorance commune. Ils ne jouiffent d'aucune confolation de la vie, ils font fans fecours au milieu de l'opulence. Tels étaient autrefois les Rois Francs, & tous ces vaffaux groffiers de leur couronne, lorfqu'ils étaient obligés de faire venir un Médecin, un Aftronome Arabe, un Muficien d'Italie, une horloge de Perfe, & que des Courtiers Juifs fourniffaient la groffiere magnificence de leurs cours pléniéres.

L'ame de Catherine a conçu le deffein d'être la libératrice du genre-humain dans l'efpace de plus de onze cents de nos grandes lieues quarrées. Elle n'entreprend point tout ce grand ouvrage par la force, mais par la feule raifon. Elle invite les grands Seigneurs de fon Empire à devenir plus grands en commandant à des hommes libres: elle en donne l'exemple; elle affranchit des ferfs de fes domaines; elle arrache plus de cinq cents mille efclaves à l'Eglife, fans la faire murmurer, & en la dédommageant; elle la rend refpectable en la fauvant du reproche que la terre

G 3

entiere lui faifait, d'affervir les hommes qu'elle devait inftruire & foulager.

„ Les fujets de l'Eglife , dit-elle dans une de fes Lettres , „ fouffrant des vexations fouvent ty-
„ ranniques , auxquelles les fréquents changements
„ de maîtres contribuaient beaucoup, fe révolte-
„ rent vers la fin du regne de l'Impératrice Eliza-
„ beth, & ils étaient à mon avénement plus de
„ cent mille en armes. C'eft ce qui fit qu'en 1762
„ j'exécutai le projet de changer entiérement
„ l'adminiftration des biens du Clergé , & de fixer
„ fes revenus. Arfene , Evêque de Roftou s'y
„ oppofa, pouffé par quelques-uns de fes confre-
„ res , qui ne trouverent pas à propos de fe nom-
„ mer. Il envoya deux mémoires où il voulait
„ établir le principe abfurde des deux puiffances.
„ Il avait déjà fait cette tentative du temps de
„ l'Impératrice Elifabeth; on s'était contenté de
„ lui impofer filence: mais fon infolence & fa fo-
„ lie redoublant , il fut jugé par le Métropolitain
„ de Novogorod , & par le Synode entier , con-
„ damné comme fanatique, coupable d'une en-
„ treprife contraire à la foi orthodoxe, autant
„ qu'au pouvoir fouverain, déchu de fa dignité
„ & de la prêtrife, & livré au bras féculier. Je
„ lui fis grace, & je me contentai de le réduire
„ à la condition de moine. ”

Telles font, Monfieur, fes propres paroles; il en réfulte qu'elle fait foutenir l'Eglife & la contenir, qu'elle refpecte l'humanité autant que la ré-
ligion, qu'elle protege le laboureur autant que le prêtre, que tous les ordres de l'Etat doivent la bénir.

J'aurai encore l'indifcrétion de tranfcrire ici un paffage d'une de fes lettres.

„ La tolérance eft établie chez nous; elle fait loi
„ de l'Etat; il eft défendu de perfécuter. Nous
„ avons, il eft vrai, des fanatiques, qui, faute de
„ perfécution, fe brûlent eux-mêmes; mais fi

„ ceux des autres pays en faisaient autant, il n'y
„ aurait pas grand mal; le monde en serait plus
„ tranquille, & Calas n'aurait pas été roué."
Ne croyez pas qu'elle écrive ainsi par un en-
thousiasme passager & vain qu'on désavoue ensuite dans la pratique, ni même par le desir louable
d'obtenir dans l'Europe les suffrages des hommes
qui pensent & qui enseignent à penser. Elle pose
ces principes pour base de son gouvernement. Elle
a écrit de sa main, dans le Conseil de Législation,
ces paroles qu'il faut graver aux portes de toutes
les villes.

„ Dans un grand Empire, qui étend sa domi-
„ nation sur autant de peuples divers qu'il y a de
„ différentes croyances parmi les hommes, la fau-
„ te la plus nuisible serait l'intolérance." Remar-
quez qu'elle n'hésite pas de mettre l'intolérance au
rang des fautes, j'ai presque dit des délits. Ainsi
une Impératrice despotique détruit dans le fonds du
Nord la persécution & l'esclavage. Tandis que
dans le Midi......

Jugez après cela, Monsieur, s'il se trouvera un
honnête homme dans l'Europe qui ne sera pas prêt
de signer le Panégyrique que vous méditez. Non
seulement cette Princesse est tolérante, mais elle
veut que ses voisins le soient. Voilà la première
fois qu'on a déployé le pouvoir suprême pour établir la liberté de conscience. C'est la plus grande
époque que je connaisse dans l'histoire moderne.

C'est à peu près ainsi que les anciens Persans
défendirent aux Carthaginois d'immoler des hommes.

Plût à Dieu qu'au lieu des barbares, qui fondirent
autrefois des plaines de la Scythie & des montagnes de l'Immaüs & du Caucase vers les Alpes &
les Pyrénées pour tout ravager, on vît descendre
aujourd'hui des armées pour renverser le tribunal
de l'inquisition, tribunal plus horrible que les sa-
crifices de sang humain tant reprochés à nos peres!

G 4

Enfin, ce génie fupérieur veut faire entendre à fes voifins ce que l'on commence à comprendre en Europe, que des opinions métaphyfiques inintelligibles, qui font les filles de l'abfurdité, font les meres de la difcorde; & que l'Eglife, au lieu de dire, je viens apporter le glaive & non la paix, doit dire hautement, j'apporte la paix & non le glaive. Auffi l'Impératrice ne veut-elle tirer l'épée que contre ceux qui veulent opprimer les Diffidents.

J'ignore quelles fuites aura la querelle qui divife la Pologne, mais je n'ignore pas que tous les efprits doivent être un jour unis dans l'amour de cette liberté précieufe, qui enfeigne aux hommes à regarder Dieu comme leur pere commun, & à le fervir en paix, fans inquiéter, fans avilir, fans haïr ceux qui l'adorent avec des cérémonies différentes des nôtres.

Je fais encore que le Roi de Pologne eft un Prince philofophe, digne d'être l'ami de l'Impératrice de Ruffie, un Prince fait pour rendre les Polonais heureux, fi jamais ils confentent à l'être. Je ne me mêle point de politique; ma feule étude eft celle du bonheur du genre humain, &c. &c.

LETTRES

A SON ALTESSE

MONSEIGNEUR

LE PRINCE DE •••

*Sur Rabelais, & sur d'autres Auteurs accusés
d'avoir mal parlé de la Religion Chrétienne.*

SUR RABELAIS.

MONSEIGNEUR,

PUISQUE Votre Altesse veut connaître à fond Rabelais, je commencerai par vous dire que sa vie, qui est imprimée au commencement de son Gargantua, est aussi fausse & aussi absurde que l'Histoire de Gargantua même. On y trouve que le Cardinal du Belley l'ayant mené à Rome, & ce Cardinal ayant baisé le pié droit du Pape, & ensuite la bouche, Rabelais dit, qu'il lui voulait baiser le derriere, & qu'il fallait que le St. Pere commençât par le laver. Il y a des choses que le respect du lieu, de la bienséance & de la personne, rend impossibles. Cette historiette ne peut avoir été imaginée que par des gens de la lie du peuple dans un cabaret.

Sa prétendue Requête au Pape est du même genre : on suppose qu'il pria le Pape de l'excommunier, afin qu'il ne fût pas brûlé ; parce que, disait-il, son hôtesse ayant voulu faire brûler un fagot, & n'en pouvant venir à bout, avait dit que ce fagot était excommunié de la gueule du Pape.

L'avanture qu'on lui suppose à Lyon est aussi

G 5

fauſſe & auſſi peu vraiſemblable : on prétend que
n'ayant ni dequoi payer ſon auberge, ni dequoi
faire le voyage de Paris, il fit écrire par le fils de
l'Hôteſſe ces étiquettes ſur de petits ſachets : *Poi-*
ſon pour faire mourir le Roi, poiſon pour faire mou-
rir la Reine, &c. Il uſa, dit-on, de ce ſtrata-
gême pour être conduit & nourri juſqu'à Paris
ſans qu'il lui en coutât rien, & pour faire rire le
Roi : on ajoute que c'était dans le temps même
que le Roi & toute la France pleuraient le Dau-
phin *François* en 1536, qu'on avait cru empoiſon-
né, & lorſqu'on venait d'écarteler Montécuculi
ſoupçonné de cet empoiſonnement. Les Auteurs
de cette plate hiſtoriette n'ont pas fait réflexion,
que ſur une demi-preuve auſſi terrible on aurait
jeté Rabelais dans un cachot, qu'il aurait été
chargé de fers, qu'il aurait ſubi probablement la
queſtion ordinaire & extraordinaire, & que dans
des circonſtances auſſi funeſtes, & dans une accuſation auſſi grave, une mauvaiſe plaiſanterie n'aurait pas ſervi à ſa juſtification. Preſque toutes les
vies des hommes célebres ont été défigurées par
des contes, qui ne méritent pas plus de croyance.
- Son Livre, à la vérité, eſt un ramas des plus im-
pertinentes & des plus groſſieres ordures qu'un
Moine ivre puiſſe vomir ; mais auſſi il faut avouer
que c'eſt une Satyre très-curieuſe du Pape, de l'E-
gliſe, & de tous les événemens de ſon temps. Il
voulut ſe mettre à couvert ſous le maſque de la folie ; il le fait aſſez entendre lui-même dans ſon
prologue : *Poſez le cas,* dit-il, *qu'au ſens littéral*
vous trouvez matieres aſſez joyeuſes & bien corres-
pondantes au nom, toutefois pas demeurer là ne faut,
comme au chant des Sirenes, ains à plus haut ſens
interpréter ce que par avanture cuidiez dit en gaie-
té de cœur. Veites vouz oncques chien, rencon-
trant quelque os médullaire? c'eſt, comme dit Pla-
ton Lib. 2. de Rep. la bête du monde plus philoſo-
phe ; ſi vous l'avez, vous avez pu noter de quelle
dévotion il le guette, de quel ſoing il le garde, de

quelle ferveur il le tient, de quelle prudence il l'en-
tomme, de quelle affection il le brife, & de quelle
diligence il le fugce. *Qui l'induit à ce faire?*
quel eft l'efpoir de fon étude? quel bien prétend-il?
rien plus qu'ung peu de mouelle.

Mais qu'arriva-t-il? très peu de Lecteurs ref-
femblerent au chien qui fuce la moëlle. On ne
s'attacha qu'aux os, c'eft-à-dire, aux boufonneries
abfurdes, aux obfcénités affreufes dont le Livre
eft plein. Si malheureufement pour Rabelais on
avait trop pénétré le fens du Livre, fi on l'avait
jugé férieufement, il eft à croire qu'il lui en aurait
couté la vie, comme à tous ceux qui dans ce
temps-là écrivaient contre l'Eglife Romaine.

Il eft clair que Gargantua eft François I., Louis
XII. eft Grand Goufier, quoiqu'il ne fût pas le pere
de François, & Henri II. eft Pantagruel. L'éducation de Gargantua, & le chapitre des torche-
culs, font une fatyre de l'éducation qu'on donnait alors aux Princes. Les couleurs blanc & bleu
défignent évidemment la livrée des Rois de
France.

La guerre pour une charrette de fouaffes, eft
la guerre entre Charles V. & François I., qui commença pour une querelle très-légere entre la Maifon de Bouillon la Mark & celle de Chimay; &
cela eft fi vrai, que Rabelais appelle Marckuet le
conducteur de fouaffes par qui commence la noife.

Les Moines de ce temps-là font peints très naï-
vement fous le nom de Frere Jean des Entomures. Il n'eft pas poffible de méconnaître Charles-
Quint dans le portrait de Picrocole.

A l'égard de l'Eglife, il ne l'épargne pas. Dès
le premier Livre, au Chapitre 39, voici comme il
s'exprime: ,, Que Dieu eft bon, qui nous donne
,, ce bon piot! j'advoue Dieu que fi j'euffe été au
,, temps de Jéfus-Chrift, j'euffe bien engardé que
,, les Juifs l'euffent preins au jardin d'Olivet. En-
,, femble le Diable me faille fi j'euffe failli à cou-
,, per les jarrets à Meffieurs les Apôtres qui fui-

„ rent tant lâchement après qu'ils eurent bien
„ foupé, & laifferent leur bon Maître au befoing.
„ Je hais plus que poifon un homme qui fuit quand
„ il faut jouer des couteaux. Hon, que je ne fuis
„ Roi de France pour quatre - vingts ou cent ans !
„ par Dieu, je vous acoutrerais en chiens cour-
„ taults les fuyards de Pavie."

On ne peut fe méprendre à la Généalogie de
Gargantua; c'eft une parodie très fcandaleufe de
la Généalogie la plus refpectable: *de ceux-là*, dit-il,
*fon venus les Géants, & par eux Pantagruël; le
premier fut Calbrot, qui engendra Sarabroth.*

Qui engendra Faribroth.

*Qui engendra Hurtaly, qui fut beau mangeur de
foupe, & qui régna du temps du déluge.*

*Qui engendra Happe-mouche, qui le premier inven-
ta de fumer les langues de bœuf;*

Qui engendra F... ânon,

Qui engendra V ... de grain,

Qui engendra Grand Goufier,

Qui engendra Gargantua,

Qui engendra le noble Pantagruel mon Maître.

On ne s'eft jamais tant moqué de tous nos Livres de Théologie, que dans le Catalogue des Livres que trouva Pantagruel dans la Bibliotheque de
St. Victor: c'eft *biga falutis, braguetta juris,
pantoufla decretorum*, la c..... barine de preux,
le décret de l'Univerfité de Paris fur la gorge des
filles, l'apparition de Gertrude à une Nonin en mal
d'enfant, le moutardier de pénitence, *Tartareus de
modo cacandi*, l'invention de Ste. Croix par les Clercs
de finefle, le couillage des Promoteurs, la Corne-
mufe des Prélats, la profiterole des Indulgences,
*Utrum chimera in vacuo bombinans poffit comedere fe-
cundas intentiones, quæftio debatuta per decem hebdo-
madas in Concilio Conftantienfi*, les brimborions des
Céleftins, la ratoire de Théologiens, *Chacouillonis
de Magiftro*, les aifes de la vie monachale, la pate-
notre du finge, les gréfillons de dévotion, le vie-
dafe des Abbés, &c.

Lorfque Panurge demande confeil à frere Jean des Entomures, pour favoir s'il fe mariera & s'il fera cocu, Frere Jean récite fes Litanies. Ce ne font pas les litanies de la Vierge, ce font les litaniens du c. c. mignon, co. moignon, c. patté, co. laitté, &c. Cette plate profanation n'eût pas été pardonnable à un Laïque : mais dans un Prêtre !

Après cela Panurge va confulter le Théologal Hypotadée, qui lui dit qu'il fera cocu s'il plait à Dieu. Pantagruel va dans l'Ifle des Lanternois; ces Lanternois font les ergoteurs théologiques, qui commencerent fous le regne de Henri II. ces horribles difputes dont naquirent tant de guerres civiles.

L'Ifle de Tohu Bohu, c'eft-à-dire de la confufion, eft l'Angleterre, qui changea quatre fois de religion depuis Henri VIII.

On fait affez que l'Ifle de Papefiguiere défigne les Hérétiques. On connaît les Papimanes; ils donnent le nom de Dieu au Pape. On demande à Panurge, s'il eft affez heureux pour avoir vu le St. Pere? Panurge répond qu'il en a vu trois, & qu'il n'y a gueres profité. La Loi de Moyfe eft comparée à celle de Cybele, de Diane, de Numa; les Décrétales font appellées Décrotoires. Panurge affûre que s'étants torché le cul avec un feuillet des Décrétales appellées Clémentines, il en eut des hémorrhoïdes longues d'un demi-pied.

On fe moque des baffes-Meffes, qu'on appelle Meffes feches; & Panurge dit qu'il en voudrait une mouillée, pourvu que ce fût de bon vin. La Confeffion y eft tournée en ridicule. Pantagruel va confulter l'Oracle de la Dive Bouteille, pour favoir s'il faut communier fous les deux efpeces & boire de bon vin après avoir mangé le pain facré. Epiftémon s'écrie en chemin; *Vivat, fifat, pipat, bibat*; c'eft le fecret de l'*Apocalypfe*. Frere Jean des Entomures demande une charretée de filles, pour fe reconforter en cas qu'on lui refufe la Communion fous les deux efpeces. On rencontre des Gaftrolacs, c'est-à-dire, des possédés. Gaster invente le moyen de n'être pas blessé par le canon ; c'est une raillerie contre tous les miracles.

Avant de trouver l'Isle où est l'Oracle de la Dive Bouteille, ils abordent à l'Isle sonnante, où sont Cagots, Clergots, Monagots, Prêtregots, Abbégots, Evêgots, Cardingots, & enfin le Papegot qui est unique dans son espèce. Les Cagots avaient conchié toute l'Isle sonante. Les Capucingots étaient les animaux les plus puants & les plus maniaques de toute l'Isle.

La fable de l'âne & du cheval, la défense faite aux ânes de baudouiner dans l'écurie, & la liberté que se donnent les ânes de baudouiner pendant le temps de la foire, sont des emblêmes assez intelligibles du célibat des Prêtres, & des débauches qu'on leur imputait.

Les Voyageurs *sont admis devant le Papegot.* Panurge veut jetter *une pierre à un Evêque qui ron-fait à la Grand Messe, Maître Editue* (c'est-à-dire Maître Sacristain) l'en empêche en lui disant ; *Homme de bien, frappe, feris, tue & meurtris tous Rois, Princes du monde, en trahison, par venin ou autrement quand tu voudras, déniche des Cieux les Anges ; de tout auras pardon du Papegot : ces sacrés oiseaux ne touche.*

De l'Isle sonnante on va au Royaume de Quintessence, ou Entelléchie ; or Entelléchie c'est l'ame. Ce personnage inconnu, & dont on parle depuis qu'il y a des hommes, n'y est pas moins tourné en ridicule que le Pape ; mais les doutes sur l'exi-stence de l'ame sont beaucoup plus enveloppés que les railleries sur la Cour de Rome.

Les Ordres mendiants habitent l'Isle des Freres Fredons. Ils paraissent d'abord en procession. L'un d'eux ne répond qu'en monosyllabes à toutes les quêstions que Panurge fait sur leurs garces. Combien font-elles ? *Vingt.* Combien en voudriez-vous ? *Cent.*

Le remuement des fesses quel est-il ? *dru.*

Que difent-elles en culetant? *mot.*

Vos inftruments quels font ils? *grands.*

Quantesfois de bon compte le faites-vous par
Jour? *Six.* Et de nuiçt? *Dix.*

Enfin l'on arrive à l'Oracle de la Dive Bouteille.
La coutume alors dans l'Eglife était de préfenter
de l'eau aux communiants laïques pour faire paffer
l'Hoftie; & c'eft encore l'ufage en Allemagne. Les
Réformateurs voulaient abfolument du vin pour
figurer le fang de Jéfus-Chrift. L'Eglife Romaine
foutenait que le fang était dans le pain, auffi-bien
que les os & la chair. Cependant les Prêtres Catholiques buvaient du vin, & ne voulaient pas que
les féculiers en buffent. Il y avait dans l'Ifle de
l'Oracle de la Dive Bouteille une belle fontaine
d'eau claire. Le Grand Pontife Bacbuc en donna
à boire aux Pélerins, en leur difant ces mots: ,,Ja-
,,dis ung Capitaine Juif, docte & chevaleureux,
,,conduifant fon peuple par les déferts en extrême
,,famine, impétra des Cieux la manne, laquelle
,,leur était de goût tel par imagination que para-
,,vant leur étaient réellement lesviandes. Ici de-
,,même, beuvant de cette liqueur mirifique, fenti-
,,rez goût de tel vin comme l'aurez imaginé. Or
,,*imaginez,* & *beuvez;* ce que nous feimes; puis
,,s'écria Panurge, difant: Par Dieu! c'eft ici vin
,,de Baune, meilleur que oncques jamais je beus,
,,ou je me donne à nonante & feize Diables.''

Le fameux Doyen d'Irlande Swift a copié ce
trait dans fon Conte du Tonneau, ainfi que plufieurs autres! Milord Pierre donne à Martin & à
Jean fes freres un morceau de pain fec pour leur
dîner, & veut leur faire accroire que ce pain contient de bon bœuf, des perdrix, des chapons, avec
d'excellent vin de Bourgogne.

Vous remarquerez, Monfeigneur, que Rabelais
dédia la partie de fon livre, qui contient cette fan-
glante fatyre de l'Eglife Romaine, au Cardinal-
Odet de Câtillon, qui n'avait pas encore levé le
mafque, & ne s'était pas déclaré pour la Religion

Proteftante. Son Livre fut imprimé avec privilege; & le privilege pour cette fatyre de la Religion Ca-tholique fut accordé en faveur des ordures, dont on faifoit en ce temps-là beaucoup plus de cas que des Papegots & des Cardingots. Jamais ce Livre n'a été défendu en France; parce que tout y eft caché fous un tas d'extravagances, qui n'ont jamais laiffé le loifir de démèler le véritable but de l'Auteur.

Croiriez-vous bien que le boufon, qui riait fi hau-tement de l'ancien & du nouveau Teftament, ait été Curé? Comment mourut-il? en difant : *Je vais chercher un grand peut-être.*

Le Duchat a chargé de notes les ouvrages de Rabelais; & felon la digne coutume des Commen-tateurs il n'explique prefque rien de ce que le Lecteur voudrait entendre; mais il nous apprend ce que l'on ne fe foucie gueres de favoir.

L E T T R E S I I.

Sur les Prédécesseurs de Rabelais en Allemagne & en Italie; & d'abord du Livre intitulé littera virorum obfcurorum.

MONSEIGNEUR,

VOTRE Alteffe me demande fi avant Rabelais quel-qu'un avait écrit dans ce goût; je vous répondrai que probablement fon modele a été le recueil des lettres des *gens obfcurs*; qui parut en Allemagne au commencement du feizieme fiecle : ce recueil eft en Latin; mais il eft écrit avec autant de naïveté & de hardieffe que Rabelais. Voici une ancienne traduction d'un paffage de la 28e. lettre.

Il y a concordance entre les facrés cahiers & les fables poëtiques, comme le pourrez noter du
fer-

ferpent Python, occis par Apollon comme le dit le Pfalmifte : *Ce dragon qu'avez formé pour vous en gauffer.* Saturne, vieux pere des Dieux, qui mange fes enfants, eft en Ezéchiel, lequel dit : *Vos peres mangerent leurs enfants.* Diane, fe pourmenant avec force Vierges, eft la bienheureufe Vierge Marie, felon le Pfalmifte, lequel dit : *Vierges viendront après elle.* Califto, déflorée par Jupiter & retournant au Ciel, eft en Matthieu chap. XII : Je *reviendrai dans la maifon dont je fuis fortie.* Aglaure, tranfmuée en pierre, fe trouve en Job chap. XLII : fon *cœur s'en durcira comme pierre.* Europe, engroffée par Jupiter, eft en Salomon : *écoute, fille, voi, & incline ton oreille, car le Roi t'a concupifcée.* Ezéchiel a prophétifé d'Actéon, qui vit la nudité de Diane : *tu étais nue, j'ai paffé par là, & je t'ai vue.* Les poëtes ont écrit que Bacchus eft né deux fois; ce qui fignifie le *Chrift* né *avant les fiecles & dans le fiecle.* Sémélé, qui nourrit Bacchus, eft le prototype de la bien-heureufe Vierge; car il eft dit en Exode : *prens cet enfant, nourris-le moi, & tu auras falaire.*

Ces impiétés font encore moins voilées que celles de Rabelais.

C'eft beaucoup que dans ce temps-là on commençât en Allemagne à fe moquer de la magie. On trouve dans la lettre à maître Acacius Lampirius une raillerie affez forte fur la conjuration qu'on employait pour fe faire aimer des filles. Le fecret confiftait à prendre un cheveu de la fille; on le plaçait d'abord dans fon haut de chauffe; on faifait une confeffion générale, & l'on faifait dire trois Meffes, pendant lefquelles on mettait le cheveu autour de fon cou; on allumait un cierge béni au dernier Evangile, & on prononçait cette formule : *O Cierge ! je te conjure par la vertu du Dieu Tout-puiffant, par les neuf Chœurs des Anges, par la vertu gofdriene, amene-moi icelle fille en chair & en os, afin que je la faboule à mon plaifir, &c.*

Le latin macaronique dans lequel ces lettres font écrites, porte avec lui un ridicule qu'il eft impof-

H

sible de rendre en Français. Il y a sur-tout une lettre de Pierre de la Charité, messager de Grammaire à Ortoouin, dont on ne peut traduire en Français les équivoques latines : il s'agit de savoir si le Pape peut rendre physiquement légitime un enfant bâtard. Il y en a une autre de Jean de Schwinfordt maître ès arts, où l'on soutient que Jésus-Christ a été moine, St. Pierre Prieur du Couvent, Judas Iscariot maître d'hôtel, & l'Apôtre Philippe portier.

Jean Schelontzigue raconte, dans la lettre qui est sous son nom, qu'il avait trouvé à Florence Jacques Hoestrat (grande rue) ci-devant Inquisiteur. Je lui fis la révérence, dit-il, en lui ôtant mon chapeau, & je lui dis: Pere, êtes-vous révérend; ou n'êtes-vous pas révérend ? il me répondit: *Je suis celui qui suis.* Je lui dis alors: vous êtes maître Jacques de *Grande rue.* Sacré char d'Elie, dis-je, comment diable êtes-vous à pied ? c'est un scandale; *celui qui est* ne doit pas se promener avec ses pieds en fange & en merde. Il me répondit: *ils sont venus en chariots & sur chevaux, mais nous venons au nom du Seigneur.* Je lui dis: par le Seigneur, il est grande pluie, & grand froid. Il leva les mains au Ciel en disant: *Rosée du Ciel, tombez d'en-haut, & que les nuées du Ciel pleuvent le juste.*

Il faut avouer que voilà précisément le stile de Rabelais; & je ne doute pas qu'il n'ait eu sous les yeux ces lettres des gens obscurs, lorsqu'il écrivait son Gargantua & son Pantagruël.

Le conte de la femme, qui, ayant ouï dire que tous les bâtards étaient de grands hommes, alla vite sonner à la porte des Cordeliers pour se faire faire un bâtard, est absolument dans le goût de notre maître François.

Les mêmes obscénités & les mêmes scandales fourmillent dans ces deux singuliers livres.

Des anciennes facéties Italiennes.

L'Italie, dès le quatorzieme fiecle, avait produit plus d'un exemple de cette licence. Voyez feule-ment dans Bocace la confeffion de Ser Ciapelleto à l'article de la mort. Son Confeffeur l'interroge; il lui demande s'il n'eft jamais tombé dans le péché d'orgueil? ah! mon pere, dit le coquin, j'ai bien peur de m'être damné par un petit mouvement de complaifance en moi-même, en réfléchiffant que j'ai gardé ma virginité toute ma vie. Avez-vous été gourmand? hélas ouï, mon pere, car outre les autres jours de jeûne ordonnés, j'ai toujours jeûné au pain & à l'eau trois fois par femaine; mais j'ai mangé mon pain quelquefois avec tant d'apétit & de délice, que ma gourmandife a fans doute déplu à Dieu. Et l'avarice, mon fils? hélas, mon pere, je fuis coupable du péché d'avarice, pour avoir quelquefois fait le commerce afin de donner tout mon gain aux pauvres. Vous êtes-vous mis quelquefois en colere? oh tant! quand je voyais le fervice divin fi négligé, & les pécheurs ne pas obferver les commandemens de Dieu, comme je me mettais en colere!

Enfuite Ser Ciapelleto s'accufe d'avoir fait ba-layer fa chambre un jour de Dimanche. Le Con-feffeur le raffure, & lui dit, que Dieu lui pardon-nera: le pénitent fond en larmes, & lui dit que Dieu ne lui pardonnera jamais; qu'il fe fouvient qu'à l'âge de deux ans il s'était dépité contre fa mere, que c'était un crime irrémiffible; ma pauvre mere, dit-il, qui m'a porté neuf mois dans fon ventre le jour & la nuit, & qui me portait dans fes bras quand j'étais petit! non, Dieu ne me pardonnera jamais d'avoir été un fi méchant enfant!

Enfin, cette confeffion étant devenue publique, on fait un Saint de Ciapelleto, qui avait été le plus rand frippon de fon temps.

Le Chanoine Luigi Pulci eft beaucoup plus li-ntieux dans fon poëme du Morgante. Il com-

H 2

mence ce poëme par tourner en ridicule les premiers verfets de l'Evangile de St. Jean.

In principio era il Verbo appreffo à Dio,
Ed era Iddio il Verbo, e el Verbo lui,
Questo era il principio al parer mio, &c.

J'ignore après tout, fi c'est par naïveté ou par impiété que le Pulci, ayant mis l'Evangile à la tête de fon poëme, le finit par le *Salve Regina*; mais foit puérilité, foit audace, cette liberté ne ferait pas foufferte aujourd'hui. On condamnerait plus encore la réponfe de Morgante à Margutte: ce Margutte demande à Morgante s'il est Chrétien ou Mufulman.

E fe gli crede in Chrifto o in Maometto.
Refpofe allor Margutte, per dir tel tofto,
Io non credo più al nero che al azurro;
Ma nel Cappone o leffo o voglia arrofto.

Ma fopra tutto nel bon vino hò fede.

Or quefte fon tre virtù Cardinale !
La gola, il dado, el culo como io t'ho detto.

Une chofe bien étrange, c'est que prefque tous les Ecrivains Italiens du XIV, XV & XVI. fiecle ont très-peu refpecté cette même réligion dont leur patrie était le centre : plus ils voyaient de près les auguftes cérémonies de ce culte, & les premiers Pontifes, plus ils s'abandonnaient à une licence que la Cour de Rome femblait alors autorifer par fon exemple. On pouvait leur appliquer ces vers du *Paftor fido.*

Il longo converfar genera noia,
E la noia il faftidio, e l'odio al fine.

Les libertés qu'ont prifes Machiavel, l'Ariofte,

l'Arétin, l'Achevêque de Bénévent La Cafa, Pomponace, Cardan, & tant d'autres favants, font affez connues; les Papes n'y faifaient nulle attention; & pourvu qu'on achetât des indulgences & qu'on ne fe mêlât point du gouvernement, il était permis de tout dire. Les Italiens alors reffemblaient aux anciens Romains, qui fe moquaient impunément de leurs Dieux, mais qui ne troublerent jamais le culte reçu.

Il n'y eut que Giordano Bruno, qui ayant bravé l'Inquifiteur à Venife, & s'étant fait un ennemi irréconciliable d'un homme fi puiffant & fi dangereux, fut recherché pour fon livre *della hoftia triumphante*; on le fit périr par le fupplice du feu, fupplice inventé parmi les Chrétiens contre les hérétiques. Ce livre très rare eft pis qu'hérétique; l'Auteur n'admet que la loi des Patriaches, la loi naturelle; il fut compofé, & imprimé à Londres chez le Lord Philippe Sidney, l'un des plus grands hommes d'Angleterre, favori de la Reine Elifabeth.

Parmi les incrédules on range communément tous les Princes & les politiques d'Italie du quatorzieme, quinzieme & feizieme fiecles. On prétend que fi le Pape Sixte IV. avait eu de la Religion, il n'aurait pas trempé dans la confpiration dès Pazzi, pour laquelle on pendit l'Archevêque de Florence en habits Pontificaux aux fenêtres de l'Hôtel de Ville. Les affaffins des Médicis, qui exécuterent leur parricide dans la Cathédrale au moment que le prêtre montrait l'Euchariftie au peuple, ne pouvaient, dit-on, croire à l'Euchariftie. Il paraît impoffible qu'il y eût le moindre inftinct de religion dans le cœur d'un Alexandre VI. qui faifait périr par le ftilet, par la corde, ou par le poifon, tous les petits Princes dont il raviffait les Etats, & qui leur accordait des indulgences *in articulo mortis* dans le temps qu'ils rendaient les derniers foupirs.

On ne tarit point fur ces affreux exemples. Hélas! Monfeigneur, que prouvent-ils? Que le frein

H 3

d'une Religion pure, dégagée de toutes les fuperftitions qui la déshonorent & qui peuvent la rendre
incroyable, était abfolument néceffaire à ces grands
criminels. Si la Religion avait été épurée, il y
aurait eu moins d'incrédulité & moins de forfaits.
Quiconque croit fermement un Dieu rémunérateur
de la vertu & vengeur du crime, tremblera fur
le point d'affaffiner un homme innocent, & le
poignard lui tombera des mains; mais les Italiens
alors ne connaiffant le Chriftianifme que par des
légendes ridicules, par les fottifes & les fourberies
des Moines, s'imaginaient qu'il n'eft aucune Religion, parce que leur Religion ainfi déshonorée
leur paraiffait abfurde. De ce que Savonarole avait
été un faux prophete, ils concluaient qu'il n'y a
point de Dieu; ce qui eft un fort mauvais argument.
L'abominable politique de ces temps affreux leur fit
commettre mille crimes: leur philofophie, non
moins affreufe, étouffa leurs remords; ils voulurent
anéantir le Dieu qui pouvait les punir.

L E T T R E III.

Sur VANINI,

Monfeigneur,

Vous me demandez des mémoires fur Vanini;
je ne puis mieux faire que de tranfcrire ici ce qui
en eft raporté dans la fixieme édition d'un petit
ouvrage compofé par une fociété de gens de Lettres, attribué très mal à propos à un homme célebre (p. 41.)
Franchiffons tout l'efpace des temps entre la république Romaine & nous. Les Romains, bien plus
fages que les Grecs, n'ont jamais perfécuté aucun

philofophe pour fes opinions. Il n'en eft pas ainfi
chez les peuples barbares qui ont fuccédé à l'Empire Romain. Dès que l'Empereur Frédéric II. a
des querelles avec les Papes, on l'accufe d'être Athée,
& d'être l'auteur du livre des trois Impofteurs,
conjointement avec fon Chancelier de Vineis.

Notre grand Chancelier de l'Hôpital fe déclare-
t-il contre les perfécutions? on l'accufe auffi-tôt
d'athéïfme (*) : *homo doctus, fed verus atheus.* Un
Jéfuite autant au-deffous d'Ariftophane, qu'Ariftophane eft au-deffous d'Homere, un malheureux
dont le nom eft devenu ridicule parmi les fana-
tiques-mêmes, le Jéfuite Garaffe en un mot, trouve par-tout des Athéïftes : c'eft ainfi qu'il nomme
tous ceux contre lefquels il fe déchaine. Il appelle Théodore de Beze Athéïfte ; c'eft lui qui a
induit le public en erreur fur Vanini.

La fin malheureufe de Vanini ne nous émeut
point d'indignation & de pitié comme celle de
Socrate, parce que Vanini n'était qu'un pédant
étranger fans mérite ; mais enfin Vanini n'était
point Athée, comme on l'a prétendu ; il était précifément tout le contraire.

C'était un pauvre prêtre Napolitain, prédicateur
& théologien de fon métier, difputeur à outrance
fur les quiddités & fur les univerfaux, & *utrum
chimera bombinans in vacuo poffit comedere fecundas
intentiones.* Mais d'ailleurs, il n'y avait veine en
lui qui tendît à l'athéïfme. Sa notion de Dieu eft
de la théologie la plus faine & la plus approuvée.
*Dieu eft fon principe & fa fin, pere de l'un & de
l'autre, & n'ayant befoin ni de l'un ni de l'autre ;
éternel fans être dans le temps ; préfent par-tout fans
être en aucun lieu. Il n'y a pour lui ni paffé ni futur ;
il eft par-tout & hors de tout ; gouvernant tout &
ayant tout créé ; immuable, infini, fans parties ; fon
pouvoir eft fa volonté, &c.*

_____

(*) Commentarium rerum Gallicarum Lib. 28.

Vanini se piquait de renouveller ce beau sentiment de Platon, embrassé par Averroës, que Dieu
avait créé une chaîne d'êtres depuis le plus petit
jusqu'au plus grand, dont le dernier chaînon est
attaché à son trône éternel; idée à la vérité plus
sublime que vraie, mais qui est aussi éloignée de
l'athéïsme que l'être du néant.

Il voyagea pour faire fortune & pour disputer ;
mais malheureusement la dispute est le chemin op-
posé à la fortune; on se fait autant d'ennemis ir-
réconciliables qu'on trouve de savants ou de pédants contre lesquels on argumente. Il n'y eut
point d'autre source du malheur de Vanini ; sa cha-
leur & sa grossiéreté dans la dispute lui valut la haine
de quelques Théologiens ; & ayant eu une querelle
avec un nommé Francon ou Franconi, ce Francon, ami de ses ennemis, ne manqua pas de l'ac-
cuser d'être Athée enseignant l'athéïsme.

Ce Francon, ou Franconi, aidé de quelques témoins, eut la barbarie de soutenir à la confrontation ce qu'il avait avancé. Vanini sur la sellette,
interrogé sur ce qu'il pensait de l'existence de
Dieu, répondit qu'il adorait avec l'église un Dieu
en trois personnes. Ayant pris à terre une paille,
il suffit de ce fétu, dit-il, pour prouver qu'il y a
un Créateur. Alors il prononça un très-beau discours sur la végétation & le mouvement, & sur
la nécessité d'un Être Suprême, sans lequel il n'y
aurait ni mouvement ni végétation.

Le Président Grammont, qui était alors à Toulouse, rapporte ce discours dans son histoire de
France, aujourd'hui si oubliée: & ce même Grammont, par un préjugé inconcevable, prétend, *que
Vanini disait tout cela par vanité, ou par crainte,
plutôt que par une persuasion intérieure.*

Sur quoi peut être fondé ce jugement téméraire
& atroce du Président Grammont? Il est évident
que, sur la réponse de Vanini, on devait l'absoudre
de l'accusation d'Athéïsme. Mais qu'arriva-t-il?
ce malheureux prêtre étranger se mêlait aussi de

médecine; on trouva un gros crapaud vivant qu'il conſervait chez lui dans un vaſe plein d'eau; on ne manqua pas de l'accuſer d'être ſorcier; on ſoutint que ce crapaud était le Dieu qu'il adorait; on donna un ſens impie à pluſieurs paſſages de ſes livres: ce qui eſt très aiſé & très commun, en prenant les objections pour les réponſes, en interprétant avec malignité quelque phraſe louche, en empoi-ſonnant une expreſſion innocente. Enfin, la faction qui l'opprimait arracha des Juges l'arrêt qui con-damna ce malheureux à la mort.

Pour juſtifier cette mort il fallait bien accuſer cet infortuné de ce qu'il y avait de plus affreux. Le minime, & très minime Merſenne a pouſſé la démence juſqu'à imprimer que Vanini était parti de Naples avec douze de ſes Apôtres, pour aller convertir toutes les nations à l'athéiſme. Quelle pitié! Comment un pauvre aurait-il pu avoir dou-ze hommes à ſes gages? Comment aurait-il pu perſuader douze Napolitains de voyager à grands frais pour répandre par-tout cette abominable & révoltante doctrine au péril de leur vie? Un Roi ſerait-il aſſez puiſſant pour payer douze prédica-teurs d'athéiſme? Perſonne avant le pere Merſen-ne n'avait avancé une ſi énorme abſurdité. Mais après lui on l'a répété, on en a infecté les Jour-naux, les Dictionnaires hiſtoriques, & le mon-de, qui aime l'extraordinaire, a cru ſans examen cette fable.

Bayle lui-même, dans ſes penſées diverſes, parle de Vanini comme d'un Athée: il ſe ſert de cet exemple pour appuyer ſon paradoxe, *qu'une ſociété d'Athées peut ſubſiſter*; il aſſure que Vanini était un homme de mœurs très réglées, & qu'il fut le martyr de ſon opinion philoſophique. Il ſe trompe également ſur ces deux points; le prêtre Vanini nous apprend dans ſes dialogues faits à l'i-mitation d'Eraſme, qu'il avait eu une maîtreſſe nommée Iſabelle. Il était libre dans ſes écrits com-me dans ſa conduite; mais il n'étoit point Athée.

H 5

Un fiecle après fa mort le favant La Croze, & celui qui a pris le nom de Philalete, ont voulu le juftifier; mais comme perfonne ne s'intéreffe à la mémoire d'un malheureux Napolitain, très mauvais Auteur, prefque perfonne ne lit fes Apologies.

J'ajouterai à ces fages réflexions, qu'on imprima une vie de Vanini à Londres en 1717. Elle eft dédiée à Mylord North and Grei. C'eft un Français réfugié fon Chapelain qui en eft l'auteur. C'eft affez de dire, pour faire connaître le perfonnage, qu'il s'appuie dans fon hiftoire fur le témoignage du Jéfuite Garaffe, le plus abfurde & le plus infolent calomniateur, & en même temps le plus ridicule écrivain qui jamais ait été chez les Jéfuites. Voici les paroles de Garaffe, citées par le Chapelain, & qui fe trouvent en effet dans la doctrine curieufe de ce Jéfuite, page 144.

„ Pour Lucile Vanin, il était Napolitain, hom„ me de néant, qui avoit rodé toute l'Italie en „ chercheur de repues franches, & une bonne „ partie de la France en qualité de pédant. Ce „ méchant béliftre étant venu en Gafcogne en „ 1617. faifait état d'y femer avantageufement „ fon yvroie, & faire riche moiffon d'impiété, „ cuidant avoir trouvé des efprits fufceptibles de „ fes propofitions. Il fe gliffait dans les nobleffes „ effrontément pour y piquer l'efcabelle auffi fran„ chement que s'il eût été domeftique, & appri„ voifé de tout temps à l'humeur du pays; mais il „ rencontra des efprits plus forts & réfolus à la „ défenfe de la vérité qu'il ne s'était imaginé.”

Que pouvez-vous penfer, Monfeigneur, d'une vie écrite fur de pareils mémoires? Ce qui vous furprendra davantage, c'eft que lorfque ce malheureux Vanini fut condamné, on ne lui repréfenta aucun de fes livres dans lefquels on a imaginé qu'était contenu le prétendu Athéïfme pour lequel il fut condamné. Tous les livres de ce pauvre Napolitain étaient des livres de Théologie & de Philofolofophie, imprimés avec privilege & approuvés par des Docteurs de la faculté de Paris. Ses Dialogues même qu'on lui reproche aujourd'hui, & qu'on ne peut gueres condamner que comme un ouvrage très ennuyeux, furent honorés des plus grands éloges en Français, en Latin, & même en Grec. On voit fur-tout parmi ces éloges ces vers d'un fameux Docteur de Paris.

*Vaninus, vir mente potens fophiæque magifter
Maximus, Italiæ decus & nova gloria gentis.*

Ces deux vers furent imités depuis en Français:

*Honneur de l'Italie, émule de la Grece,
Vanini fait connaître & chérir la fageffe.*

Mais tous ces éloges ont été oubliés; & on fe fouvient feulement qu'il a été brûlé vif. Il faut avouer qu'on brûle quelquefois les gens un peu légerement; témoin Jean Hus, Jerome de Prague, le Confeiller Anne Dubourg, Servet, Antoine Urbain Grandier, la Maréchale d'Ancre, Morin & Jean Calas; témoin enfin cette foule innombrable d'infortunés que prefque toutes les Sectes Chrétiennes ont fait périr tour à tour dans les flammes: horreur inconnue aux Perfans, aux Turcs, aux Tartares, aux Indiens, aux Chinois, à la République Romaine, & à tous les peuples de l'antiquité; horreur à peine abolie parmi nous, & qui fera rougir nos enfants d'être fortis d'ayeux fi abominables.

LETTRE IV.

Des Auteurs Anglais qui ont eu le malheur d'écrire contre la Religion; & particulierement de War-burton.

Votre Altesse demande qui sont ceux qui ont eu l'audace de s'élever, non seulement contre l'Eglise Romaine, mais contre l'Eglise Chrétienne? Le nombre en est prodigieux, sur-tout en Angleterre. Un des premiers est le Lord Herbert de Cherburi, mort en 1648, connu par ses traités de la religion des Laïques & de celle des Gentils.

Hobbes ne reconnut d'autre religion que celle à qui le gouvernement donnait sa sanction. Il ne voulait point deux maîtres. Le vrai Pontife est le Magistrat; cette doctrine souleva tout le clergé. On cria au scandale, à la nouveauté. Pour du scandale, c'est-à-dire, de ce qui fait tomber, il y en avait; mais de la nouveauté non, car en Angleterre le Roi était dès longtemps le chef de l'église. L'Impératrice de Russie en est le chef dans un pays plus vaste que l'Empire Romain. Le Sénat, dans la République, était le chef de la religion; & tout Empereur Romain était souverain Pontife.

Le Lord Shaftsbury surpassa de bien loin Herbert & Hobbes pour l'audace & pour le stile. Son mépris pour la religion Chrétienne éclate trop ouvertement.

La religion naturelle de Wollaston est écrite avec bien plus de ménagement; mais n'ayant pas les agréments de Mylord Shaftsbury, ce livre n'a été gueres lu que des philosophes.

DE TOLAND.

Toland a porté des coups beaucoup plus violents. C'était une ame fiere & indépendante; né dans la pauvreté il pouvait s'élever à la fortune, s'il avait été plus modéré. La persécution l'irrita;

il écrivit contre la Religion Chrétienne par haine & par vengeance.

Dans son premier livre intitulé *la Religion Chrétienne fans myfteres*, il avait écrit lui-même un peu myftérieufement, & fa hardieffe était couverte d'un voile. On le condamna, on le pourfuivit en Irlande: le voile fut bientôt déchiré. Ses Origines judaïques, fon Nazaréen, fon Panthéifticon, furent autant de combats qu'il livra ouvertement au Chriftianifme. Ce qui eft étrange, c'eft qu'ayant été opprimé en Irlande pour le plus circonfpect de fes ouvrages, il ne fut jamais troublé en Angleterre pour les livres les plus audacieux.

On l'accufa d'avoir fini fon Panthéifticon par cette priere blafphématoire, qui fe trouve en effet dans quelques éditions. *Omnipotens & fempiterne Bacche, qui heminum corda donis tuis recreas, concede propitius ut qui hofternis poculis ægroti fatti funt, hodiernis curentur, per pocula poculorum ; Amen!*

Mais comme cette profanation était une parodie d'une priere de l'Eglife Romaine, les Anglais n'en furent point choqués. Au refte, il eft démontré que cette priere profane n'eft point de Toland; elle avait été faite deux cents ans auparavant en France par une fociété de buveurs; on la trouve dans le Carême allégorifé imprimé en 1563. Ce fou de Jéfuite Garaffe en parle dans fa doctrine curieufe livre 2. page 201.

Toland mourut avec un grand courage en 1721. Ses dernieres paroles furent: *je vais dormir.* Il y a encore quelques pieces de vers à l'honneur de fa mémoire; ils ne font pas faits par des prêtres de l'Eglife Anglicane.

DE LOKE.

C'eft à tort qu'on a compté le grand philofophe Loke parmi les ennemis de la Religion Chrétienne. Il eft vrai que fon livre *du Chriftianifme raifonnable* s'écarte affez de la foi ordinaire; mais la religion des primitifs appellés Trembleurs, qui fait une fi grande figure en Penfylvanie, eft encore plus éloignée du chriftianifme ordinaire; & cependant ils font réputés chrétiens.

On lui a imputé de ne point croire l'immortalité de l'ame, parce qu'il était perfuadé que Dieu, le maître abfolu de tout, pouvait donner (s'il voulait) le fentiment à la penfée & à la matiere. Mr. de Voltaire l'a bien vengé de ce reproche. Il a prouvé que Dieu peut conferver éternellement l'atome, la monade, qu'il aura daigné favorifer du don de la penfée. C'était le fentiment du célebre & faint prêtre Gaffendi, pieux défenfeur de ce que la doctrine d'Epicure peut avoir de bon. Voyez fa fameufe Lettre à Defcartes.

„ D'où vous vient cette notion? Si elle procede
„ du corps, il faut que vous ne foyez pas fans ex-
„ tenfion. Aprenez-nous comment il fe peut faire
„ que l'efpace, ou l'idée du corps, qui eft étendu,
„ puiffe être reçue dans vous, c'eft-à-dire dans
„ une fubftance non étendue.......... Il eft vrai
„ que vous connaiffez que vous penfez; mais
„ vous ignorez quelle efpéce de fubftance vous
„ êtes, vous qui penfez, quoique l'opération de
„ la penfée vous foit connu. Le principal de vo-
„ tre effence vous eft caché, & vous ne favez
„ point quelle eft la nature de cette fubftance,
„ dont l'une des opérations eft de penfer, &c."

Loke mourut en paix en difant à Madame Masham, & à fes amis qui l'entouraient: *La vie eft une pure vanité.*

DE l'EVÊQUE TAILOR ET DE TINDAL.

On a mis, peut-être avec autant d'injuftice, Tailor Evêque de Connor parmi les mécréants, à caufe de fon livre du guide des douteurs.

Mais pour le docteur Tindal, auteur du Chriftianifme auffi ancien que le monde, il a été conftamment le plus intrépide foutien de la religion natutelle, ainſi que de la maiſon royale de Hanovre. C'était un des plus ſavants hommes d'Angleterre dans l'hiſtoire. Il fut honoré juſqu'à ſa mort d'une penſion de deux cents livres ſterling. Comme il ne goûtait pas les livres de Pope, qu'il le trouvait abſolument ſans génie & ſans imagination, & ne lui accordait que le talent de verſifier, & de mettre en œuvre l'eſprit des autres, Pope fut ſon implacable ennemi. Tindal de-plus était un Wig ardent, & Pope un Jacobite. Il n'eſt pas étonnant que Pope l'ait déchiré dans ſa Dunciade, ouvrage imité de Dryden, & trop rempli de baſſeſſes & d'images dégoûtantes.

DE COLLINS.

Un des plus terribles ennemis de la religion chrétienne a été Antoine Collins, grand-Tréſorier du Comté d'Eſſex, bon métaphyſicien, & d'une grande érudition. Il eſt triſte qu'il n'ait fait uſage de ſa profonde dialectique que contre le chriſtianiſme. Le Docteur Clarke, célebre Socinien, auteur d'un très-bon livre où il démontre l'exiſtence de Dieu, n'a jamais pû répondre aux livres de Collins d'une maniere ſatiſfaiſante, & a été réduit aux injures.

Ses recherches philoſophiques ſur la liberté de l'homme, ſur les fondements de la religion chrétienne, ſur les prophéties littérales, ſur la liberté de penſer, ſont malheureuſement demeurés des ouvrages victorieux.

DE WOLSTON.

Le trop fameux Thomas Wolſton, maître-es-arts de Cambridge, ſe diſtingua vers l'an 1726 par ſes diſcours contre les miracles de Jéſus-Chriſt, & leva l'étendart ſi hautement, qu'il faiſait vendre à Londres ſon ouvrage dans ſa propre maiſon. On en fit trois éditions coup fur coup de dix mille exemplaires chacune.

Perfonne n'avait encore porté fi loin la témérité & le fcandale. Il traite de contes puériles & extravagants les miracles & la réfurrection de notre Sauveur. Il dit que quand Jéfus-Chrift changea l'eau en vin pour des convives qui étaient déjà ivres, c'eft qu'apparemment il fit du punch. Dieu emporté par le Diable fur le pinacle du temple, & fur une montagne dont on voyait tous les royaumes de la terre, lui paraît un blafphême monftrueux. Le Diable envoyé dans un troupeau de deux mille cochons, le figuier féché pour n'avoir pas porté des figues quand ce n'était pas le temps des figues, la transfiguration de Jéfus, fes habits devenus tout blancs, fa converfation avec Moyfe & Elie, enfin toute fon hiftoire facrée, eft traveftie en roman ridicule. Wolfton n'épargne pas les termes les plus injurieux & les plus méprifants. Il appelle fouvent notre Seigneur Jéfus-Chrift *the fellow*, ce compagnon, ce garnement, *a wanderer*, un vagabond, *a mendicant fryar*, un frere coupechou mendiant.

Il fe fauve pourtant à la faveur du fens myftique, en difant que des miracles font de pieufes allégories. Tous les bons chrétiens n'en ont pas moins eu fon livre en horreur.

Il y eut un jour une dévote qui, en le voyant paffer dans la rue, lui cracha au vifage. Il s'effuya tranquillement & lui dit: *c'eft ainfi que les Juifs ont traité votre Dieu.* Il mourut en paix, en difant: *t'is a paff every man muft come to,* c'eft un terme où tout homme doit arriver. Vous trouverez dans le dictionnaire hiftorique portatif de l'abbé l'Avocat, & dans un nouveau dictionnaire portatif où les mêmes erreurs font copiées, que Wolfton eft mort en prifon en 1733. Rien n'eft plus faux; plufieurs de mes amis l'ont vu dans fa maifon; il eft mort libre chez lui.

DE WARBURTON.

On a regardé Warburton, Evêque de Gloceſter, comme un des plus hardis infideles qui aient jamais écrit, parce qu'après avoir commenté Shakeſpear, dont les comédies, & même quelquefois les tragédies, fourmillent de quolibets licentieux, il a ſoutenu dans ſa légation de Moyſe, que Dieu n'a point enſeigné à ſon peuple chéri l'immortalité de l'ame. Il ſe peut qu'on ait jugé cet Evêque trop durement, & que l'orgueil & l'eſprit ſatyrique qu'on lui reproche ait ſoulevé toute la nation. On a beaucoup écrit contre lui. Les deux premiers volumes de ſon ouvrage n'ont paru qu'un vain fatras d'érudition erronée, dans leſquels il ne traite pas même ſon ſujet, & qui de plus ſont contraires à ſon ſujet, puiſqu'ils ne tendent qu'à prouver, que tous les légiſlateurs ont établi pour principe de leurs Religions l'immortalité de l'ame : en quoi même Warburton ſe trompe ; car ni Sanchoniathon le Phénicien, ni le livre des cinq King Chinois, ni Confucius, n'admettent ce principe.

Mais jamais Warburton, dans tous ſes faux-fuyants, n'a pu répondre aux grands arguments perſonnels dont on l'a accablé. Vous prétendez que tous les Sages ont poſé pour fondement de la Religion l'immortalité de l'ame, les peines & les récompenſes après la mort : or Moyſe n'en parle ni dans ſon décalogue, ni dans aucune de ſes loix ; donc Moyſe, de votre aveu, n'était pas un Sage.

Ou il était inſtruit de ce grand dogme, ou il l'ignorait. S'il en était inſtruit, il eſt coupable de ne l'avoir pas enſeigné. S'il l'ignorait, il était indigne d'être légiſlateur.

Ou Dieu inſpirait Moyſe, ou ce n'était qu'un charlatan. Si Dieu inſpirait Moyſe, il ne pouvait lui cacher l'immortalité de l'ame ; & s'il ne lui a pas appris ce que tous les Egyptiens ſavaient, Dieu l'a trompé & a trompé tout ſon peuple. Si Moyſe n'était qu'un charlatan, vous détruiſez toute la loi.

Mosaïque, & par conséquent vous sappez par le fondement la Religion Chrétienne bâtie sur la loi Mosaïque. Enfin, si Dieu a trompé Moyse, vous faites de l'Être infiniment parfait un séducteur & un frippon. De quelque côté que vous vous tourniez, vous blasphémez.

Vous croyez vous tirer d'affaire en disant que Dieu payait son peuple comptant, en le punissant temporellement de ses transgressions, & en le récompensant par les biens de la terre quand il était fidèle. Cette évasion est pitoyable; car combien de transgresseurs ont passé leurs jours dans les délices! témoin Salomon. Ne faut-il pas avoir perdu le bon sens ou la pudeur, pour dire que chez les Juifs aucun scélérat n'échappait à la punition temporelle? N'est-il pas parlé cent fois du bonheur des méchants dans l'Écriture?

Nous savions avant vous que ni le Décalogue ni le Lévitique ne font mention de l'immortalité de l'âme, ni de sa spiritualité, ni des peines & des récompenses dans une autre vie: mais ce n'était pas à vous à le dire. Ce qui est pardonnable à un laïque ne l'est pas à un prêtre; & sur-tout, vous ne devez pas le dire dans quatre volumes ennuyeux.

Voilà ce que l'on objecte à Warburton. Il a répondu par des injures atroces, & il a cru enfin qu'il a raison, parce que son Evêché lui vaut deux mille cinq cents guinées de rentes. Toute l'Angleterre s'est déclarée contre lui malgré ses guinées. Il s'est rendu odieux par la virulence de son insolent caractère, beaucoup plus que par l'absurdité de son système.

DE BOLINGBROKE.

Mylord Bolingbroke a été plus audacieux que Warburton, & de meilleure foi. Il ne cesse de dire dans ses œuvres philosophiques, que les Athées sont beaucoup moins dangereux que les Théologiens; il raisonnait en Miniftre d'Etat, qui favait combien de fang les querelles théologiques ont coûté à l'Angleterre; mais il devait s'en tenir à profcrire la Théologie, & non la Religion Chrétienne, dont tout homme d'Etat peut tirer de très grands avantages pour le genre humain, en la refferrant dans fes bornes fi elle les a franchies. On a publié après la mort du Lord Bolingbroke quelques-uns de fes ouvrages plus violents encore que fon Recueil philofophique; il y déploie une éloquence funefte. Perfonne n'a jamais écrit rien de plus fort; on voit qu'il avait la Religion Chrétienne en horreur. Il eft trifte qu'un fi fublime génie ait voulu couper par la racine un arbre, qu'il pouvait rendre très utile en élaguant fes branches & en nettoyant fa mouffe.

On peut épurer la religion. On commença ce grand ouvrage il y a près de deux cents cinquante années; mais les hommes ne s'éclairent que par degrés. Qui aurait prévu alors qu'on analyferait les rayons du foleil, qu'on électriferait le tonnerre, & qu'on découvrirait la loi de la gravitation univerfelle, loi qui préfide à l'Univers? Il eft temps, felon Bolingbroke, qu'on banniffe la Théologie comme on a banni l'Aftrologie judiciaire, la forcellerie, la poffeffion du diable, la baguette divinatoire, la panacée univerfelle & les Jéfuites. La Théologie n'a jamais fervi qu'à renverfer les loix & qu'à corrompre les cœurs; elle feule fait les Athées; car le grand nombre des Théologiens, qui eft affez fenfé pour voir le ridicule de cette fcience chimérique, n'en fait pas affez pour lui fubftituer une faine Philofophie. La Théologie, difent-ils, eft, felon la fignification du mot, la fcience de Dieu; or les poliffons qui ont profané cette fcience ont donné de Dieu des idées abfurdes; & delà ils concluent que la Divinité eft une chimère, parce que la Théologie eft chimérique. C'eft précifément dire qu'il ne faut ni prendre du quinquina pour la fievre, ni faire diete

I 2

dans la pléthore, ni être faigné dans l'apoplexie,
parce qu'il y a eu de mauvais médecins; c'eft nier
la connaiffance du cours des aftres, parce qu'il y
a eu des aftrologues; c'eft nier les effets évidents
de la Chymie, parce que des Chymiftes charlatans
ont prétendu faire de l'or. Les gens du monde, encore plus ignorants que ces petits Théologiens, difent: voilà des bacheliers & des licentiés
qui ne croient pas en Dieu; pourquoi y croi-
rions-nous? Voilà quelle eft la fuite funefte de
l'efprit théologique. Une fauffe fcience fait les
Athées; une vraie fcience profterne l'homme devant la Divinité: elle rend jufte & fage celui que
l'abus de la Théologie a rendu inique & infenfé.

DE THOMAS CHUBB.

Thomas Chubb eft un philofophe formé par
la nature. La fubtilité de fon génie, dont il abufa,
lui fit embraffer non feulement le parti des Soci-
niens, qui ne regardent Jéfus-Chrift que comme
un homme, mais enfin celui des Théiftes rigides,
qui reconnaiffent un Dieu, & n'admettent aucun
myftere. Ses égaremens font méthodiques: il voudrait réunir tous les hommes dans une Religion
qu'il croit épurée parce qu'elle eft fimple. Le
mot de Chriftianifme eft à chaque page dans fes
divers ouvrages; mais la chofe ne s'y trouve pas. Il
ofe penfer que Jéfus-Chrift a été de la religion
de Thomas Chubb; mais il n'eft pas de la Religion de Jéfus-Chrift. Un abus perpétuel des
mots eft le fondement de fa perfuafion. Jéfus-
Chrift a dit, *Aimez Dieu & votre prochain*;
voilà toute la loi; voilà tout l'homme. Chubb
s'en tient à ces paroles; il écarte tout le refte.
Notre Sauveur lui paraît un philofophe comme
Socrate, qui fut mis à mort comme lui pour avoir
combattu les fuperftitions & les prêtres de fon
pays. D'ailleurs il a écrit avec retenue, il s'eft
toujours couvert d'un voile. Les obfcurités dans

lesquelles il s'enveloppe lui ont donné plus de réputation que de Lecteurs.

LETTRE V.

SUR SWIFT.

IL est vrai, Monseigneur, que je ne vous ai point parlé de *Swift*; il mérite un article à part; c'est le seul écrivain anglais de ce genre qui ait été plaisant. C'est une chose bien étrange que les deux hommes à qui on doit le plus reprocher d'avoir osé tourner la Religion Chrétienne en ridicule, aient été deux prêtres ayant charge d'ames. Rabelais fut Curé de Meudon, & Swift fut Doyen de la Cathédrale de Dublin; tous deux lancerent plus de sarcasmes contre le Christianisme que Moliere n'en a prodigué contre la médecine; & tous deux vécurent & moururent paisibles, tandis que d'autres hommes ont été persécutés, poursuivis, mis à mort pour quelques paroles équivoques.

Mais souvent l'un se perd où l'autre s'est sauvé,
Et par où l'un périt un autre est conservé.

Le Conte du tonneau du Doyen Swift est une imitation des trois anneaux. La fable de ces trois anneaux est fort ancienne; elle est du temps des Croisades. C'est un vieillard, qui laissa en mourant une bague à chacun de ses trois enfans; ils se battirent à qui aurait la plus belle; on reconnut enfin, après de longs débats, que les trois bagues étaient parfaitement semblables. Le bon vieillard est le théisme; les trois enfans sont la religion Juive, la Chrétienne, & la Musulmane.

L'Auteur oublia les religions des Mages & des Bracmanes, & beaucoup d'autres; mais c'était un

I 3

Arabe, qui ne connaissait que ces trois sectes. Cette fable conduit à cette indifférence qu'on reprochait tant à l'Empereur Fréderic second & à son Chancelier de Vineis, qu'on accuse d'avoir composé le livre *de tribus impostoribus*, qui, comme vous savez, n'a jamais existé.

Le conte des trois anneaux se trouve dans quelques anciens recueils : le Docteur Swift lui a substitué trois justaucorps. L'introduction à cette raillerie impie est digne de l'ouvrage ; c'est une estampe où sont réprésentées trois manieres de parler en public : la premiere est le théatre d'Arlequin & de Gilles ; la seconde est un Prédicateur dont la chaire est la moitié d'une futaille ; la troisieme est l'échelle, du haut de laquelle un homme, qu'on va pendre, harangue le peuple.

Un Prédicateur entre Gilles & un pendu ne fait pas une belle figure. Le corps du livre est une histoire allégorique des trois principales sectes qui divisent l'Europe méridionale, la Romaine, la Luthérienne & la Calviniste ; car il ne parle pas de l'Eglise Grecque, qui possede six fois plus de terrein qu'aucune des trois autres ; & il laisse là le Mahométisme, bien plus étendu que l'Eglise Grecque.

Les trois freres, à qui leur vieux bon homme de pere a légué trois justaucorps tout unis & de la même couleur, sont Pierre, Martin, & Jean ; c'est-à-dire, le Pape, Luther & Calvin. L'Auteur fait faire plus d'extravagances à ses trois héros que Cervantes n'en attribue à son Don Quichote, & l'Arioste à son Roland ; mais Mylord Pierre est le plus maltraité des trois freres. Le livre est très mal traduit en Français; il n'était pas possible de rendre le comique dont il est assaisonné; ce comique tombe souvent sur des querelles entre l'Eglise Anglicane & la Presbytérienne, sur des usages, sur des avantures que l'on ignore en France, & sur des jeux de mots particuliers à la langue Anglaise. Par exemple, le mot qui signifie une bulle du Pape en Français, signifie aussi en Anglais un

bœuf. C'eſt une ſource d'équivoques & de plai-
ſanteries entierement perdues pour un Lecteur
Français.

Swift était bien moins ſavant que Rabelais,
mais ſon eſprit eſt plus fin & plus délié; c'eſt le
Rabelais de la bonne compagnie. Les Lords Ox-
ford & Bolingbroke firent donner le meilleur bénéfice d'Irlande, après l'Archevêché de Dublin, à
celui qui avait couvert la Religion Chrétienne de
ridicule; & Abadie, qui avait écrit en faveur de
cette religion un livre auquel on prodiguait les
éloges, n'eut qu'un malheureux petit bénéfice de
village. Mais il eſt à remarquer que tous deux
font morts fous.

LETTRE VI.

DES ALLEMANDS.

Monſeigneur,

Votre Allemagne a eu auſſi beaucoup de grands
Seigneurs & de philoſophes accuſés d'irreligion.
Votre célebre Corneille Agrippa, au 15ᵉ. ſiecle,
fut regardé non ſeulement comme un ſorcier, mais
comme un incrédule: cela eſt contradictoire; car
un ſorcier croit en Dieu, puiſqu'il oſe mêler le
nom de Dieu dans toutes ſes conjurations; un
ſorcier croit au diable, puiſqu'il ſe donne au diable. Chargé de ces deux calomnies, comme Apu-
lée, Agrippa fut bienheureux de n'être qu'en
priſon, & de ne mourir qu'à l'hôpital. Ce fut lui
qui le premier débita, que le fruit défendu, dont
avaient mangé Adam & Eve, était la jouiſſance
de l'amour à laquelle ils s'étaient abandonnés avant
d'avoir reçu de Dieu la bénédiction nuptiale. Ce

I 4

fut encore lui qui, après avoir cultivé les fciences,
écrivit le premier contre elles. Il décria le lait
dont il avait été nourri, parce qu'il l'avait très
mal digéré. Il mourut dans l'hôpital de Grenoble
en 1535.

Je ne connais votre fameux docteur Fauftus que
par la comédie dont il eft le héros, & qu'on joue
dans toutes vos provinces de l'Empire. Votre
Docteur Fauftus y eft dans un commerce fuivi
avec le diable. Il lui écrit des lettres qui chemi-
nent par l'air au moyen d'une ficelle. Il en reçoit
des réponfes. On voit des miracles à chaque acte,
& le diable emporte Fauftus à la fin de la piece.
On dit qu'il était né en Suabe, & qu'il vivait fous
Maximilien premier. Je ne crois pas qu'il ait fait
plus de fortune auprès de Maximilien qu'auprès du
diable fon autre maître.

Le célebre Erafme fut également foupçonné
d'irréligion par les cathoiiques & par les proteftans, parce qu'il fe moquait des excès où les
uns & les autres tomberent. Quand deux partis
ont tort, celui qui fe tient neutre, & qui par
conféquent a raifon, eft vexé par l'un & par
l'autre. La ftatue qu'on lui a dreffée dans la place
de Roterdam fa patrie, l'a vengé de Luther &
de l'Inquifition.

Melancthon, *terre noire*, fut à peu près dans
le cas d'Erafme. On prétend qu'il changea quatorze fois de fentiment fur le péché originel & fur la
prédeftination. On l'appellait, dit-on, le Prothée
d'Allemagne. Il aurait voulu en être le Neptune
qui retient la fougue des vents.

Jam cælum terramque meo fine numine venti
Miftere, & tantas audetis tolere moles.

Il était modéré & tolérant. Il paffa pour in-
différent. Etant devenu Proteftant, il confeilla à fa
mere de refter Catholique. Delà on jugea qu'il
n'était ni l'un ni l'autre.

J'omettrai, fi vous le permettez, la foule des
fectaires à qui l'on a reproché d'embraffer des fac-
tions plutôt que d'adhérer à des opinions, & de
croire à l'ambition ou à la cupidité bien plutôt
qu'à Luther & au Pape. Je ne parlerai pas des
philofophes accufés de n'avoir eu d'autre évangile
que la nature.

Je viens à votre illuftre Leibnitz. Fontenelle,
en faifant fon éloge à Paris en pleine Académie,
s'exprime fur fa religion en ces termes: *on l'accufe*
de n'avoir été qu'un grand & rigide obfervateur du
droit naturel: fes pafteurs lui en ont fait des ré-
primandes publiques & inutiles.

Vous verrez bientôt, Monfeigneur, que Fontenelle, qui parlait ainfi, avait effuyé des imputa-
tions non moins graves.

Wolf, le difciple de Leibnitz, a été expofé à un
plus grand danger: il enfeignait les Mathématiques dans l'Univerfité de Halle avec un fuccès
prodigieux. Le Profeffeur Théologien *Lange*, qui
gelait de froid dans la folitude de fon école tandis
que Wolf avait cinq cents auditeurs, s'en vengea
en dénonçant Wolf comme un Athée. Le feu Roi
de Pruffe, Fréderic Guillaume, qui s'entendait
mieux à exercer fes troupes qu'aux difputes des
favants, crut Lange trop aifément; il donna le
choix à Wolf, de fortir de fes Etats dans vingt-
quatre heures ou d'être pendu: le Philifophe ré-
folut fur le champ le problème en fe retirant à
Marbourg, où fes écoliers le fuivirent, & où fa
gloire & fa fortune augmenterent. La ville de
Halle perdit alors plus de quatre cents mille florins
par an que Wolf lui valait par l'affluence de fes
difciples; le revenu du Roi en fouffrit, & l'injuftice faite au Philofophe ne retomba que fur le
Monarque. Vous favez, Monfeigneur, avec quelle
équité & quelle grandeur d'ame le fucceffeur de
ce Prince répara l'erreur dans laquelle on avait
entraîné fon pere.

Il eft dit à l'article *Wolf* dans un Dictionnaire,
I 5

que Charles Fréderic Philofophe couronné, ami de Wolf, l'éleva à la dignité de Vice-Chancelier de l'Univerfité de l'Electeur de Baviere, & de Baron de l'Empire. Le Roi, dont il eft parlé dans cet article, eft en effet un Philofophe, un Savant, un très-grand génie, ainfi qu'un très grand Capitaine fur le trône: mais il ne s'appelle point Charles; il n'y a point dans fes Etats d'Univerfité apparte-nante à l'Electeur de Baviere, l'Empereur feul fait des Barons de l'Empire. Ces petites fautes, qui font trop fréquentes dans tous les Dictionnaires, peu-vent être aifement corrigées.

Depuis ce temps la liberté de penfer a fait des progrès étonnants dans tout le Nord de l'Allema-gne. Cette liberté même a été portée à un tel excès, qu'on a imprimé en 1766 un Abrégé de l'Hiftoire Eccléfiaftique de Fleuri avec une pré-face d'un ftile éloquent, qui commence par ces paroles.

„ L'établiffement de la Religion Chrétienne a „ eu, comme tous les Empires, de faibles commen-„ cements. Un Juif de la lie du peuple, dont la „ naiffance eft douteufe, qui mêle aux abfurdités „ des anciennes prophéties des préceptes de mo-„ rale, auquel on attribue des miracles, eft le „ héros de cette fecte: douze fanatiques fe répan-„ dent d'Orient en Italie, &c."

Il eft trifte que l'auteur de ce morceau, d'ail-leurs profond & fublime, fe foit laiffé emporter à une hardieffe fi fatale à notre fainte religion. Rien n'eft plus pernicieux. Cependant cette licence prodigieufe n'a prefque point excité de rumeurs. Il eft bien à fouhaiter que ce livre foit peu répandu. On n'en a tiré, à ce que je préfu-me, qu'un petit nombre d'exemplaires.

Le difcours de l'Empereur Julien contre le chrif-tianifme, traduit à Berlin par le Marquis d'Argens Chambellan du Roi de Pruffe, & dédié au Prince Ferdinand de Brunfwick, ferait un coup non moins funefte porté à notre religion, fi l'auteur n'avait pas eu le foin de raffurer par des remarques favantes les efprits effarouchés. L'ouvrage eft précédé d'une préface fage & inftructive, dans laquelle il rend juftice (il eft vrai) aux grandes qualités & aux vertus de Julien, mais dans laquelle auffi il avoue les erreurs funeftes de cet Empereur. Je penfe, Monfeigneur, que ce livre ne vous eft pas inconnu, & que votre chriftianifme n'en a pas été ébranlé.

LETTRE VII.

SUR LES FRANÇAIS.

Vous avez, je crois, très bien deviné, Monfeigneur, qu'en France il y a plus d'hommes accufés d'impiétés que de véritables impies; de-même qu'on y a vu beaucoup plus de foupçons d'empoifonnements que d'empoifonneurs. La vivacité peu réfléchie qu'on reproche à cette nation la porte à tous les jugements téméraires; cette pétulance inquiete a fait que plufieurs auteurs ont écrit avec liberté, & ont été jugés avec cruauté. L'extrême délicateffe des théologiens & des moines leur a toujours fait craindre la diminution de leur crédit; ils font comme des fentinelles qui crient toujours qui vive, & qui penfent que l'ennemi eft aux portes; pour peu qu'ils foupçonnent qu'on leur en veut dans un livre, ils fonnent l'allarme.

DE BONAVENTURE DES PÉRIERS.

Un des premiers exemples en France de la perfécution fondée fur des terreurs paniques, fut le vacarme étrange qui dura fi longtems au fujet du

cymbalum mundi, petit livret d'une cinquantaine
de pages tout au plus. Il est d'un nommé Bonaventure des Périers, qui vivait au commencement
du seizieme siecle. Ce Des Périers était domestique de Marguerite de Valois sœur de François Ier.
Les Lettres commençaient alors à renaître. Des
Périers voulut faire en latin quelques dialogues dans
le goût de Lucien : il composa quatre dialogues
très insipides sur les prédictions, sur la pierre phi-
losophale, sur un cheval qui parle, sur les chiens
d'Actéon. Il n'y a pas assurément, dans tout ce
fatras de plat écolier, un seul mot qui ait le moindre & le plus éloigné rapport aux choses que nous
devons révérer.

On persuada à quelques docteurs qu'ils étaient
désignés par les chiens & par les chevaux. Pour
les chevaux ils n'étaint pas accoutumés à cet honneur. Les docteurs aboyerent; aussi-tôt l'ouvrage
fut recherché, traduit en langue vulgaire & imprimé : & chaque fainéant d'y trouver des allusions;
& les docteurs de crier à l'hérétique, à l'impie,
à l'athée. Le livret fut déféré aux Magistrats, le
libraire Morin mis en prison, & l'auteur en de
grandes angoisses.

L'injustice de la persécution frappa si fortement
le cerveau de Bonaventure, qu'il se tua de son
épée dans le palais de Marguerite. Toutes les langues des prédicateurs, toutes les plumes des théologiens s'exercerent sur cette mort funeste. Il s'est
défait lui-même; donc il était coupable, donc il
ne croyait point en Dieu, donc son petit livre, que
personne n'avait pourtant la patience de lire, était
le catéchisme des athées; chacun le dit, chacun
le crut: *credidi propterea quod locutus sum*, j'ai cru
parce que j'ai parlé, est la devise des hommes. On
répete une sotise, & à force de la redire on en
est persuadé.

Le livre devint d'une rareté extrême; nouvelle
raison pour le croire infernal. Tous les auteurs

d'anecdotes littéraires & de dictionnaires n'ont pas manqué d'affirmer que le *cymbalum mundi* est le précurseur de Spinofa.

Nous avons encore un ouvrage d'un Conseiller de Bourges, nommé Catherinot, très digne des armes de Bourges. Ce grand Juge dit : nous avons deux livres impies que je n'ai jamais vus, l'un *de tribus impostoribus*, l'autre, *le cymbalum mundi*. Eh! mon ami, si tu ne les as pas vus, pourquoi en parles-tu?

Le Minime Merfenne, ce facteur de Defcartes, le même qui donne douze apôtres à Vanini, dit de Bonaventure Des Périers : *c'est un monstre & un frippon, d'une impiété achevée.* Vous remarquerez qu'il n'avait pas lu fon livre. Il n'en restait plus que deux exemplaires dans l'Europe, quand Prosper Marchand le réimprima à Amsterdam en 1711. Alors le voile fut tiré : on ne cria plus à l'impiété, à l'athéifme; on cria à l'ennui, & on n'en parla plus.

DE THÉOPHILE.

Il en a été de-même de Théophile, très célèbre dans fon temps; c'était un jeune homme de bonne compagnie faifant très facilement des vers médiocres, mais qui eurent de la réputation, très inftruit dans les belles Lettres, écrivant purement en latin, homme de table autant que de cabinet, bien venu chez les jeunes Seigneurs qui fe piquaient d'efprit, & furtout chez cet illuftre & malheureux Duc de Montmorenci, qui, après avoir gagné des batailles, mourut fur un échafaud.

S'étant trouvé un jour avec deux Jéfuites, & la converfation étant tombée fur quelques points de la malheureufe philofophie de fon temps, la difpute s'aigrit. Les Jéfuites fubftituerent les injures aux raifons. Théophile était poëte & gafcon; *genus irritabile vatum & Vafconum.* Il fit une petite pièce de vers où les Jéfuites n'étaient pas trop bien traités; en voici trois qui coururent toute la France :

Cette grande & noire machine
Dont le souple & le vaste corps
Etend ses bras jusqu'à la Chine.

Théophile même les rappelle dans une épître en vers écrite de sa prison au Roi Louis XIII. Tous les Jésuites se déchaînerent contre lui. Les deux plus furieux, Garasse & Guérin, déshonorèrent la chaire & violerent les loix en le nommant dans leurs sermons, en le traitant d'athée & d'homme abominable ; en excitant contre lui toutes leurs dévotes. Un Jésuite plus dangereux, nommé Voisin, qui n'écrivait ni ne prêchait, mais qui avait un grand crédit auprès du Cardinal de la Rochefoucault, intenta un procès criminel à Théophile, & suborna contre lui un jeune débauché nommé Sajeot qui avait été son écolier, & qui passait pour avoir servi à ses plaisirs infames, ce que l'accusé lui reprocha à la confrontation. Enfin le Jésuite Voisin obtint par la faveur du Jésuite Cauffin, confesseur du Roi, un décret de prise de corps contre Théophile sur l'accusation d'impiété & d'athéisme. Le malheureux prit la fuite ; on lui fit son procès par contumace ; il fut brûlé en effigie en 1621. Qui croirait que la rage des Jésuites ne fut pas encore assouvie ! Voisin paya un Lieutenant de la Connétablie nommé le Blanc, pour l'arrêter dans le lieu de sa retraite en Picardie. On l'enferma chargé de fers dans un cachot aux acclamations de la populace, à qui le Blanc criait : c'est un Athée que nous allons brûler. Delà on le mena à Paris à la conciergerie, où il fut mis dans le cachot de Ravaillac. Il y resta une année entière, pendant laquelle les Jésuites prolongerent son procès pour chercher contre lui des preuves.

Pendant qu'il était dans les fers, Garasse publiait sa doctrine curieuse, dans laquelle il dit que Pasquier, le Cardinal Volsey, Scaliger, Luther, Calvin, Beze, le Roi d'Angleterre, le Landgrave de Hesse & Théophile, sont des *Bélistres d'Athéistes & de Carpocratiens.* Ce Garasse écrivait dans son temps comme le misérable ex-Jésuite Nonotte a écrit dans le sien : la différence est que l'insolence de Garasse était fondée sur le crédit qu'avaient alors les Jésuites, & que la fureur de l'absurde Nonotte est le fruit de l'horreur & du mépris où les Jésuites sont tombés dans l'Europe ; c'est le serpent qui veut mordre encore quand il a été coupé en tronçons. Théophile fut sur-tout interrogé sur le *Parnasse satyrique*, recueil d'impudicités dans le goût de Pétrone, de Martial, de Catulle, d'Ausone, de l'Archevêque de Bénévent la Caza, de l'Evêque d'Angoulême Octavien de St. Gelais, & de Mélin de St. Gelais son fils, de l'Arétin, de Chorier, de Marot, de Verville, des épigrammes de Rousseau, & de cent autres sottises licentieuses. Cet ouvrage n'était pas de Théophile. Le Libraire avait rassemblé tout ce qu'il avait pu de Ménard, de Colletet, d'un nommé Frenide, & de quelques Seigneurs de la Cour. Il fut avéré que Théophile n'avait point de part à cette édition, contre laquelle lui-même avait présenté requête. Enfin les Jésuites, quelque puissants qu'ils fussent alors, ne purent avoir la consolation de le faire brûler, & ils eurent même beaucoup de peine à obtenir qu'il fût banni de Paris. Il y revint malgré eux, protégé par le Duc de Montmorenci, qui le logea dans son hôtel, où il mourut en 1626 du chagrin auquel une si cruelle persécution le fit enfin succomber.

DES BARREAUX.

Le Conseiller au Parlement Des Barreaux, qui dans sa jeunesse avait eté ami de Théophile, & qui ne l'avait pas abandonné dans sa disgrace, passa constamment pour un Athée : & sur quoi? sur un conte qu'on fait de lui sur l'avanture de l'omelette au lard. Un jeune homme à faillies libertines peut très-bien dans un cabaret avoir mangé gras un famedi, & pendant un orage mêlé de tonnerre avoir jetté le plat par la fenêtre, en difant: *voilà bien du bruit pour une omelette au lard*, fans pour cela mériter l'affreufe accufation d'athéifme. C'eft fans doute une très grande irrévérence; c'eft infulter l'églife dans laquelle il était né; c'eft fe moquer de l'inftitution des jours maigres: mais ce n'eft pas nier l'exiftence de Dieu. Ce qui lui donna cette réputation, ce fut principalement l'indifcrette témérité de Boileau, qui dans fa Satyre des femmes, laquelle n'eft pas fa meilleure, parle de plus d'un Capanée.

Du tonnerre dans l'air bravant les vains carreaux,
Et nous parlant de Dieu du ton de Desbarreaux.

Jamais ce magiftrat n'écrivit rien contre la Divinité. Il n'eft pas permis de flétrir du nom d'athée un homme de mérite contre lequel on n'a aucune preuve; cela eft indigne. On a imputé à Des-Barreaux le fameux fonnet qui finit ainfi:

Tonne, frappe, il eft temps, rends-moi guerre pour
  guerre;
J'adore en périffant la raifon qui t'aigrit:
Mais deffus quel endroit tombera ton tonnerre,
Qui ne foit tout couvert du fang de Jéfus-Chrift?

Ce fonnet ne vaut rien du tout. *Jéfus-Chrift* en vers n'eft pas tolérable; *rends-moi guerre*, n'eft pas français; *guerre pour guerre* eft très-plat; & *deffus quel endroit* eft déteftable. Ces vers font de l'Abbé de Lavau; & Des-Barreaux fut toujours très fâché qu'on les lui attribuât.

DE LA MOTTHE LE VAYER.

Le fage de La Motthe Le Vayer, Confeiller d'Etat, précepteur de Monfieur frere de Louis
                                                    XIV.

XIV. & qui le fut même de Louis XIV. près d'une année, n'essuya pas moins de soupçons que le voluptueux Des-Barreaux. Il y avait encore peu de philosophie en France. Le traité de la vertu des Payens, & les dialogues d'Orazius Tubero, lui firent des ennemis. Les Jansénistes sur-tout, qui ne regardaient, après St. Augustin, les vertus des grands hommes de l'antiquité que comme des *péchés splendides*, se déchaînerent contre lui. Le comble de l'insolence fanatique est de dire: *nul n'aura de vertu que nous & nos amis; Socrate, Confucius, Marc-Aurele, Epictete, ont été des scélérats, puisqu'ils n'étaient pas de notre communion.* On est revenu aujourd'hui de cette extravagance; mais alors elle dominait. On a rapporté dans un ouvrage très-curieux, qu'un jour un de ces énergumenes voyant passer La Motthe Le Vayer dans la galerie du Louvre, dit tout haut: voilà un homme sans religion. Le Vayer, au lieu de le faire punir, se retourna vers cet homme & lui dit: *mon ami, j'ai tant de religion que je ne suis pas de ta religion.*

DE St. EVREMONT.

On a donné quelques ouvrages contre le christianisme sous le nom de St. Evremont, mais aucun n'est de lui: on crut après sa mort faire passer ces dangereux livres à l'abri de sa réputation, & parce qu'en effet on trouve dans ses véritables ouvrages plusieurs traits qui annoncent un esprit dégagé des préjugés de l'enfance. D'ailleurs sa vie épicurienne, & sa mort toute philosophique, servirent de prétexte à tous ceux qui voulaient accréditer de son nom leurs sentiments pernicieux.

Nous avons sur-tout une analyse de la religion chrétienne qui lui est attribuée. C'est un ouvrage qui tend à renverser toute la chronologie & presque tous les faits de la Sainte Ecriture. Nul n'a plus approfondi que l'auteur l'opinion où sont quelques théologiens, que l'astronome Phlégon avait
K

parlé des ténebres qui couvrirent toute la terre à la mort de notre Seigneur Jéfus-Chrift. J'avoue que l'auteur a pleinement raifon contre ceux qui ont voulu s'appuyer du témoignage de cet aftronome; mais il a grand tort de vouloir combattre tout le fyftême chrétien, fous prétexte qu'il a été mal défendu.

Au refte, St. Evremont était incapable de ces recherches favantes. C'était un efprit agréable & jufte; mais il avait peu de fcience, nul genie, & fon goût était peu fûr. Ses difcours fur les Romains lui firent une réputation, dont il abufa pour faire les plus plattes Comédies, & les plus mauvais vers dont on ait jamais fatigué les lecteurs; qui n'en font plus fatigués aujourd'hui, puifqu'ils ne les lifent plus. On peut le mettre au rang des hommes aimables & pleins d'efprits qui ont fleuri dans le temps brillant de Louis XIV, mais non pas au rang des hommes fupérieurs.

DE FONTENELLE.

Bernard De Fontenelle, depuis Sécrétaire de l'Académie des Sciences, eut une fecouffe plus vive à foutenir. Il fit inférer en 1686, dans la République des Lettres de Bayle, une relation de l'île de Borneo fort ingénieufe: c'était une allégorie fur Rome & Geneve; elles étaient défignées fous le nom de deux fœurs, Mero & Enegu. Mero était une Magicienne tyrannique; elle exigeait que fes fujets vinffent lui déclarer leurs plus fecrettes penfées, & qu'enfuite ils lui aportaffent tout leur argent. Il fallait, avant de venir lui baifer les pieds, adorer des os de morts; & fouvent, quand on voulait déjeuner, elle faifait difparaître le pain. Enfin fes fortileges & fes fureurs fouleverent un grand parti contre elle; & fa fœur Enegu lui enleva la moitié de fon Royaume.

Bayle n'entendit pas d'abord la plaifanterie; mais l'Abbé Terfon l'ayant commentée, elle fit beaucoup de bruit. C'était dans le temps de la révocation de l'édit de Nantes. Fontenelle courait risque d'être enfermé à la Bastille. Il eut la bassesse de faire d'assez mauvais vers à l'honneur de cette révocation, & à celui des Jésuites; on les inséra dans un mauvais recueil intitulé le Triomphe de la Religion sous Louis le Grand, imprimé à Paris chez l'Anglois en 1686.

Mais ayant depuis rédigé en Français, avec un grand succès, la savante histoire des oracles de Van Dale, les Jésuites le persécutèrent. Le Tellier, confesseur de Louis XIV, rappellant l'allégorie de Mero & d'Enegu, aurait voulu le traiter comme le Jésuite Voisin avait traité Théophile. Il sollicita une lettre de cachet contre lui. Le célebre Garde des sceaux d'Argenson, alors Lieutenant de Police, sauva Fontenelle de la fureur de Le Tellier.

Cette anecdote est plus importante que toutes les bagatelles littéraires dont l'Abbé Trublet a fait un gros volume concernant Fontenelle. Elle apprend combien la philosophie est dangereuse, quand un fanatique ou un frippon, ou un moine qui est l'un & l'autre, a malheureusement l'oreille du Prince. C'est un danger, Monseigneur, auquel on ne sera jamais exposé auprès de vous.

DE l'ABBÉ DE St. PIERRE.

L'allégorie du Mahométisme par l'Abbé de St. Pierre fut beaucoup plus frappante que celle de Mero. Tous les ouvrages de cet Abbé, dont plusieurs passent pour des rêveries, sont d'un homme de bien & d'un citoyen zélé; mais tout s'y ressent d'un pur théisme. Cependant il ne fut point persécuté; c'est qu'il écrivait d'une maniere à ne rendre personne jaloux: son stile n'a aucun agrément; il était peu lu; il ne prétendait à rien; ceux qui le lisaient se moquaient de lui, & le traitaient de bon homme. S'il eût écrit comme Fontenelle, il était perdu, sur-tout quand les Jésuites régnaient encore

DE BAYLE.

Cependant s'élevait alors, & depuis plusieurs
années, l'immortel Bayle, le premier des dialecti-
ciens & des philosophes sceptiques. Il avait déjà
donné ses Pensées sur la comete, ses Réponses aux
questions d'un provincial, & enfin son Dictionnaire de raisonnement. Ses plus grands ennemis
sont forcés d'avouer, qu'il n'y a pas une seule ligne
dans ses ouvrages qui soit un blasphême évident
contre la religion chrétienne ; mais ses plus grands
défenseurs avouent, que dans les articles de con-
troverse il n'y a pas une seule page qui ne conduise
le lecteur au doute, & souvent à l'incrédulité. On
ne pouvait le convaincre d'être impie ; mais il faisait des impies, en mettant les objections contre
nos dogmes dans un jour si lumineux, qu'il n'était
pas possible à une foi médiocre de n'être pas é-
branlée : & malheureusement la plus grande partie
des lecteurs n'a qu'une foi très-médiocre.

Il est rapporté, dans un de ces Dictionnaires his-
toriques où la vérité est si souvent mêlée avec le
mensonge, que le Cardinal de Polignac, en passant
par Roterdam, demanda à Bayle s'il était Anglican,
ou Luthérien, ou Calviniste ; & qu'il répondit :
*je suis protestant, car je proteste contre toutes les
religions.* En premier lieu, le Cardinal de Polignac
ne passa jamais par Roterdam que lorsqu'il alla
conclure la paix d'Utrecht en 1713, après la mort
de Bayle.

Secondement, ce savant Prélat n'ignorait pas
que Bayle, né Calviniste au pays de Foix, & n'ayant
jamais été en Angleterre, ni en Allemagne, n'était
ni Anglican, ni Luthérien.

Troisiemement, il était trop poli pour aller demander à un homme de quelle religion il était.
Il est vrai que Bayle avait dit quelquefois ce qu'on
lui fait dire ; il ajoutait qu'il était comme Jupiter
assemble-nuages d'Homere. C'était d'ailleurs un
homme de mœurs réglées & simples ; un vrai phi-

lofophe dans toute l'étendue de cé mot. Il mourut
fubitement après avoir écrit ces mots, *voilà ce que
c'eft que la vérité..*

Il l'avait cherchée toute fa vie, & n'avoit trouvé par-tout que des erreurs.

Après lui on a été beaucoup plus loin. Les
Maillet, les Boulainvilliers, les Boulengers, les
Meffiers, le favant Fréret, le dialecticien Du
Marfai, l'intempérant La Métrie, & bien d'autres, ont attaqué la Religion Chrétienne avec autant d'acharnement que les Porphyres, les Celfes
& les Juliens.

J'ai fouvent recherché ce qui pouvait détermi-
ner tant d'écrivains modernes à déployer cette
haine contre le Chriftianifme. Quelques-uns m'ont
répondu, que les écrits des nouveaux apologiftes
de notre religion les avaient indignés; que fi ces
apologiftes avaient écrit avec la modération que
leur caufe devait leur infpirer, on n'aurait pas
penfé à s'élever contre eux; mais que leur bile
donnait de la bile; que leur colere faifait naître
la colere; que le mépris qu'ils affectaient pour les
philofophes excitait le mépris: de forte qu'enfin il
eft arrivé entre les défenfeurs & les ennemis du
chriftianifme, ce qu'on avait vu entre toutes les
communions; on a écrit de part & d'autre avec
emportement; on a mêlé les outrages aux arguments.

DE BARBEIRAC.

Barbeirac eft le feul commentateur dont on faffe
plus de cas que de fon auteur. Il traduifit &
commenta le fatras de Pufendorf; mais il l'enri-
chit d'une préface qui fit feule débiter le livre.
Il remonte dans cette préface aux fources de la
morale; & il a la candeur hardie de faire voir, que
les peres de l'Eglife n'ont pas toujours connu cette
morale pure, qu'ils l'ont défigurée par d'étranges
allégories: comme lorfqu'ils difent que le lambeau

K 3

de drap rouge expofé à la fenêtre par la cabare-
tiere Raab, eft vifiblement le fang de Jéfus-Chrift;
que Moyfe étendant les bras pendant la bataille
contre les Amalécites eft la croix fur laquelle Jéfus
expire; que les baifers de la Sunamite font le ma-
riage de Jéfus-Chrift avec fon Eglife; que la grande porte de l'arche de Noé défigne le corps humain, & la petite porte défigne l'anus.

Barbeirac ne peut souffrir en fait de morale
qu'Auguftin devienne perfécuteur après avoir prêché la tolérance. Il condamne hautement les injures groffieres que Jérome vomit contre fes adverfaires, & fur-tout contre Rufin & contre Vigi-
lantius. Il releve les contradictions qu'il remarque
dans la morale des peres; & il s'indigne qu'ils
aient quelquefois infpiré la haine de la patrie;
comme Tertullien, qui défend pofitivement aux
chrétiens de porter les armes pour le falut de
l'Empire.

Barbeirac eut de violents adverfaires, qui l'accu-
ferent de vouloir détruire la religion chrétienne
en rendant ridicules ceux qui l'avaient foutenue
par des travaux infatigables. Il fe défendit: mais
il laiffa paraître dans fa défenfe un fi profond mépris pour les peres de l'Eglife; il témoigne tant
de dédain pour leur fauffe éloquence & pour leur
dialectique; il leur préfere fi hautement Confucius, Socrate, Zaleucus, Ciceron, l'Empereur
Antonin, Epictete, qu'on voit bien que Barbeirac
eft plutôt le zélé partifan de la juftice éternelle &
de la loi naturelle donnée de Dieu aux hommes,
que l'adorateur des faints myfteres du chriftianifme.
S'il s'eft trompé en penfant que Dieu eft le pere
de tous les hommes, s'il a eu le malheur de ne
pas voir que Dieu ne peut aimer que les Chrétiens
foumis de cœur & d'efprit, fon erreur eft du moins
d'une belle ame, & puifqu'il aimait les hommes,
ce n'eft pas aux hommes à l'infulter, c'eft à Dieu
de le juger.

DE MADEMOISELLE HUBERT.

Mademoiſelle Hubert était une femme de beaucoup d'eſprit, & ſœur de l'Abbé Hubert très connu de Mgr. votre pere.   Elle s'aſſocia avec un
grand Métaphyſicien pour écrire vers l'an 1740.
le livre intitulé *La Religion eſſentielle à l'homme.*
Il faut convenir que malheureuſement cette Religion eſſentielle eſt le pur Théiſme, tel que les Noa-
chides le pratiquerent avant que Dieu eût daigné
ſe faire un peuple chéri dans les déſerts de Sinaï
& d'Oreb, & lui donner des loix particulieres.
Selon Mademoiſelle Hubert & ſon ami, la religion
eſſentielle à l'homme doit être de tous les temps,
de tous les lieux, & de tous les eſprits.   Tout ce
qui eſt myſtere eſt au-deſſus de l'homme, & n'eſt
pas fait pour lui; la pratique des vertus ne peut
avoir aucun rapport avec le dogme.   La religion
eſſentielle à l'homme eſt dans ce qu'on doit faire,
& non dans ce qu'on ne peut comprendre.   L'intolérance eſt à la religion eſſentielle, ce que la
babarie eſt à l'humanité, la cruauté à la douceur.
Voilà le précis de tout le livre.   L'auteur eſt très
abſtrait: c'eſt une ſuite de lemmes & de théorê-
mes qui répandent quelquefois plus d'obſcurité que
de lumieres.   On a peine à ſuivre cette marche.
Il eſt étonnant qu'une femme ait écrit en géometre
ſur une matiere ſi intéreſſante: peut-être a-t-elle
voulu rebuter des lecteurs qui l'auraient perſécutée
s'ils l'avaient entendue, & s'ils avaient eu du
plaiſir en la liſant.   Comme elle était proteſtante,
elle n'a gueres été lue que par des proteſtants.
Un prédicant nommé Deroches l'a réfutée, & même aſſez poliment pour un prédicant.   Les Miniſtres proteſtants, Monſeigneur, devraient, ce me
ſemble, être plus modérés avec les Théiſtes que
les Evêques Catholiques & les Cardinaux; car ſup-
poſé un moment, ce qu'à Dieu ne plaiſe, que le
Théiſme prévalût, qu'il n'y eût qu'un culte ſimple
ſous l'autorité des Loix & des Magiſtrats, que

tout fût réduit à l'adoration de l'Etre suprême rémunérateur & vengeur ; les pasteurs protestants
n'y perdront rien ; ils resteront chargés de présider
aux prieres publiques faites à l'Etre suprême, &
feront toujours des maîtres de morale ; on leur
conservera leurs pensions, ou, s'ils les perdent,
cette perte sera bien modique. Leurs antagonistes,
au contraire, ont de riches prélatures ; ils sont
Comtes, Ducs, Princes ; ils ont des souveraine-
tés ; & quoique tant de grandeurs & de richesses
conviennent mal, peut-être, aux successeurs des
Apôtres, ils ne souffriront jamais qu'on les en dé-
pouille : les droits temporels même, qu'ils ont acquis, sont tellement liés aujourd'hui à la constitu-
tion des Etats Catholiques, qu'on ne peut les en
priver que par des secousses violentes.

Or le Théisme est une religion sans enthousias-
me, qui par elle-même ne causera jamais de révo-
lution. Elle est erronée, mais elle est paisible.
Tout ce qui est à craindre, c'est que le Théisme,
si universellement répandu, ne dispose insensible-
ment tous les esprits à mépriser le joug des Pontifes, & qu'à la première occasion la Magistrature
ne les réduise à la fonction de prier Dieu pour le
peuple ; mais tant qu'ils seront modérés, ils seront
respectés : il n'y a jamais que l'abus du pouvoir
qui puisse énerver le pouvoir. Remarquons en
effet, Monseigneur, que deux ou trois cents volumes de Théisme n'ont jamais diminué d'un écu le
revenu des Pontifes Catholiques Romains ; & que
deux ou trois écrits de Luther & de Calvin leur
ont enlevé environ cinquante millions de rente.
Une querelle de Théologie pouvait, il y a deux
cents ans, bouleverser l'Europe : le Théisme n'at-
troupera jamais quatre personnes. On peut même
dire que cette religion, en trompant les esprits, les
adoucit, & qu'elle appaise les querelles que la vérité
mal entendue a fait naître. Quoi qu'il en soit, je
me borne à rendre à V. A. un compte fidele.
C'est à vous qu'il appartient de juger.

DE FRÉRET.

L'illuftre & profond Fréret était Sécrétaire perpétuel de l'Académie des Belles-Lettres de Paris.
Il avait fait dans les langues orientales, & dans
les ténebres de l'antiquité, autant de progrès
qu'on en peut faire. En rendant juftice à fon immenfe érudition & à fa probité, je fuis bien loin
d'excufer fon hétérodoxie. Non feulement il était
perfuadé avec St. Irénée, que Jéfus était âgé de
plus de cinquante ans quand il fouffrit le dernier
fupplice; mais il croyait avec le Targum qu'il n'é-
tait point né du temps d'Hérode, & qu'il faut rapporter fa naiffance au temps du petit Roi Jannée
fils d'Hircan. Les Juifs font les feuls qui aient eu
cette opinion finguliere. M. Fréret tâchait de l'appuyer, en prétendant que nos Evangiles n'ont été
écrits que plus de quarante ans après l'année où
nous plaçons la mort de Jéfus; qu'ils n'ont été
faits qu'en des langues étrangeres, & dans des villes
très éloignées de Jérufalem, comme Alexandrie,
Corinthe, Ephefe, Antioche, Ancyre, Theffaloni-
que, toutes villes d'un grand commerce, remplies
de Thérapeutes, de difciples de Jean, de Judaï-
tes, de Galiléens divifés en plufieurs fectes. Delà
vient, dit-il, qu'il y eut un très grand mombre
d'Evangiles tout differents les uns des autres; chaque fociété particuliere & cachée voulant avoir le
fien. Fréret prétend que les quatre qui font reftés
canoniques ont été écrits les derniers. Il croit en
apporter des preuves inconteftables; c'eft que les
premiers Peres de l'Eglife citent très fouvent des
paroles qui ne fe trouvent que dans l'Evangile des
Egyptiens, ou dans celui des Nazaréens, ou dans
celui de St. Jacques, & que Juftin eft le premier
qui cite expreffément les Evangiles reçus.

Si ce dangereux fyftême était accrédité, il s'en-
fuivrait évidemment que les livres intitulés de Matthieu, de Jean, de Marc, & de Luc, n'ont été
écrits que vers le temps de l'enfance de Juftin, en-

K 5

viron cent ans après notre Ère vulgaire. Cela feul renverferait de fond en comble notre Religion. Les Mahométans qui virent leur faux prophete débiter les feuilles de fon Koran, & qui les virent après fa mort rédigées folemnellement par le Calife Abubeker, triompheraient de nous; ils nous diraient: *Nous n'avons qu'un Alcoran, & vous avez eu cinquante Evangiles: nous avons précieufement confervé l'original, & vous avez choifi au bout de quelques fiecles quatre Evangiles dont vous n'avez jamais connu les dates. Vous avez fait votre Religion piece à piece; la nôtre a été faite d'un feul trait, comme la création. Vous avez cent fois varié, & nous n'avons changé jamais.*

Grace au Ciel, nous ne fommes pas réduits à ces termes funeftes. Où en ferions-nous, fi ce que Fréret avance était vrai? Nous avons affez de preuves de l'antiquité des quatre Evangiles: St. Irénée dit expreffément qu'il n'en faut que quatre.

J'avoue que Fréret réduit en poudre les pitoyables raifonnements d'Abadie. Cet Abadie prétend que les premiers Chrétiens mouraient pour les Evangiles, & qu'on ne meurt que pour la vérité. Mais cet Abadie reconnaît que les premiers Chrétiens avaient fabriqué de faux Evangiles. Donc, felon Abadie même, les premiers Chrétiens mouraient pour le menfonge. Abadie devait confidérer deux chofes effentielles; premierement, qu'il n'eft écrit nulle part que les premiers martyrs aient été interrogés par les Magiftrats fur les Evangiles; fecondement, qu'il y a des martyrs dans toutes les Communions. Mais fi Fréret terraffe Abadie, il eft renverfé lui-même par les miracles que nos quatre faints Evangiles véritables ont opérés. Il nie les miracles, mais on lui oppofe une nuée de témoins; il nie les témoins, & alors il ne faut que le plaindre.

Je conviens avec lui qu'on s'eft fervi trop fouvent de fraudes pieufes. Je conviens qu'il eft dit dans l'appendix du premier Concile de Nicée, que

pour diftinguer tous les livres canoniques des faux
on les mit pêle-mêle fur une grande table, qu'on
pria le St. Efprit de faire tomber à bas tous les
apocryphes, qu'auffi-tôt ils tomberent, & qu'il ne
refta que les véritab'es. J'avoue enfin que l'Eglife
a été inondée de fauffes légendes. Mais de ce qu'il y
a eu des menfonges & de la mauvaife foi, s'enfuit-il
qu'il n'y ait eu ni vérité ni candeur? Cartainement
Fréret va trop loin; il renverfe tout l'édifice, au
lieu de le réparer; il conduit, comme tant d'autres,
le lecteur à l'adoration d'un feul Dieu, fans la
médiation du Chrift. Mais du moins fon livre
refpire une modération qui lui ferait prefque pardonner fes erreurs; il ne prêche que l'indulgence
& la tolérance; il ne dit point d'injures cruelles
aux Chrétiens comme Mylord Bolingbroke; il ne
fe moque point d'eux comme le Curé Rabelais
& le Curé Swift. C'eft un Philofophe d'autant
plus dangereux qu'il eft très inftruit, très conféquent, & très modefte. Il faut efpérer qu'il fe
trouvera des Savants qui le réfuteront mieux qu'on
n'a fait jufqu'à préfent.

Son plus terrible argument eft., que fi Dieu avait
daigné fe faire homme & Juif, & mourir en Pa-
leftine par un fupplice infame pour expier les crimes du genre humain & pour bannir le péché de
la terre, il ne devait plus y avoir ni péché ni
crime : cependant, dit-il, les Chrétiens ont été
des monftres cent fois plus abominables que tous
les fectateurs des autres Religions enfemble. Il en
apporte pour preuve évidente les maffacres, les
roues, les gibets & les buchers des Cevenes, &
près de cent mille ames péries dans cette province
fous nos yeux; les maffacres des Vallées de Piémont; les maffacres de la Valteline du temps de
Charles Borromée; les maffacres des Anabaptiftes
maffacreurs & maffacrés en Allemagne; les maffacres des Luthériens & des Papiftes depuis le Rhin
jufqu'au fond du Nord; les maffacres d'Irlande,
d'Angleterre & d'Ecoffe du temps de Charles I.

maſſacré lui - même ; les maſſacres ordonnés par
Marie & par Henri VIII. ſon pere ; les maſſacres
de la St. Barthelemi en France, & quarante ans
d'autres maſſacres depuis François II. juſqu'à l'entrée de Henri IV. dans Paris ; les maſſacres de
l'inquiſition, peut-être plus abominables encore, parce qu'ils ſe font juridiquement ; enfin les maſſacres
de douze millions d'habitans du *nouveau* Monde
excutés le crucifix à la main : ſans compter tous
les maſſacres faits précédemment au nom de Jéſus-
Chriſt depuis Conſtantin, & ſans compter encore
plus de vingt ſchiſmes, & de vingt guerres de
Papes contre Papes & d'Evêques contre Evêques,
les empoiſonnements, les aſſaſſinats, les rapines
des Papes Jean XI., Jean XII, des Jean XVIII.,
des Grégoire VII., des Boniface VIII., des Alexandre VI., & de tant d'autres Papes qui paſſerent
de ſi loin en ſcélérateſſe les Néron & les Caligula.
Enfin il remarque que cette épouvantable chaîne,
preſque perpétuelle, de guerres de religion pendant
quatorze cênts années, n'a jamais ſubſiſté que chez
les Chrétiens, & qu'aucun peuple, hors eux, n'a
fait couler une goutte de ſang pour des arguments
de Théologie. On eſt forcé d'accorder à M. Fréret que tout cela eſt vrai ; mais en faiſant le dé-
nombrement des crimes qui ont éclaté, il oublie
les vertus qui ſe font cachées ; il oublie ſur-tout,
que les horreurs infernales dont il fait un ſi prodigieux étalage ſont l'abus de la religion Chrétienne,
& n'en ſont pas l'eſprit. Si Jéſus-Chriſt n'a pas détruit le péché ſur la terre, qu'eſt-çe que cela prouve ? On en pourrait inférer tout au plus avec les
Janſéniſtes que Jéſus-Chriſt n'eſt pas venu pour tous,
mais pour pluſieurs, *pro vobis & pro multis* : mais
ſans comprendre les hauts myſteres, contentons-
nous, Monſeigneur, de les adorer.

DE BOULENGER.

Le Chriſtianiſme dévoilé du Sr. Boulenger n'eſt

pas écrit avec la méthode & la profondeur d'érudition & de critique qui caractérifent le favant Fréret. Boulenger eft un philofophe audacieux, qui remonte aux fources fans daigner fonder les ruiffeaux. Ce philofophe eft auffi chagrin qu'intrépide. Les horreurs dont tant d'Eglifes Chrétiennes fe font fouillées depuis leur naiffance ; les lâches barbaries des magiftrats qui ont immolé tant d'honnêtes citoyens aux prêtres ; les Princes qui, pour leur plaire, ont été d'infames perfécuteurs ; tant de folies dans les querelles eccléfiaftiques, tant d'abominations dans ces querelles, les peuples égorgés ou ruinés, les trônes de tant de prêtres compofés des dépouilles & cimentés du fang des hommes ; ces guerres affreufes de religion dont le chriftianifme feul a inondé la terre ; ce chaos énorme d'abfurdités & de crimes remue l'imagination du Sr. Boulenger avec une telle puiffance, qu'il va dans quelques endroits de fon livre jufqu'à douter de la providence divine. Fatale erreur que les bûchers de l'inquifition & nos guerres religieufes excuferaient peut-être, fi elle pouvait être excufable. Mais nul prétexte ne peut juftifier l'athéifme. Quand tous les chrétiens fe feraient égorgés les uns les autres, quand ils auraient dévoré les entrailles de leurs freres affaffinés pour des arguments, quand il ne refterait qu'un feul chrétien fur la terre, il faudrait qu'en regardant le foleil il reconnût & adorât l'être éternel ; il pourrait dire dans fa douleur : mes peres & mes freres ont été des monftres, mais Dieu eft Dieu.

DE MONTESQUIEU.

Le plus modéré & le plus fin des philofophes a été le Préfident de Montefquieu. Il ne fut que plaifant dans fes Lettres Perfanes ; il fut délié & profond dans fon Efprit des Loix. Cet ouvrage, rempli d'ailleurs de chofes excellentes & de fautes, femble fondé fur la loi naturelle & fur l'indiffé-

rence des religions: c'eſt-là ſur-tout ce qui lui fit
tant de partiſans & tant d'ennemis. Mais les ennemis cette fois furent vaincus par les philoſophes.
Un cri longtemps retenu s'éleva de tous côtés. On
vit enfin à découvert les progrès du théiſme, qui
jetait depuis longtemps de profondes racines. La
Sorbonne voulut cenſurer l'Eſprit des Loix; mais
elle ſentit qu'elle ſerait cenſurée par le public; elle
garda le ſilence. Il n'y eut que quelques miſérables
écrivains obſcurs, comme un Abbé Guion & un
Jéſuite, qui dirent des injures au préſident de Mon-
teſquieu; & ils en devinrent plus obſcurs encore,
malgré la célébrité de l'homme qu'ils attaquaient.
Ils auraient rendu plus de ſervice à notre religion
s'ils avaient combattu avec des raiſons; mais ils
ont été de mauvais avocats d'une bonne cauſe.

DE LA MÉTRIE.

Depuis ce temps, ce fut un déluge d'écrits contre le chriſtianiſme. Le médecin La Métrie, le
meilleur commentateur de Boerhaave, abandonna
la médecine du corps, pour ſe donner, diſait-il,
à la médecine de l'ame. Mais ſon *Homme machine*
fit voir aux théologiens qu'il ne donnait que du
poiſon. Il était Lecteur du Roi de Pruſſe, & membre de ſon Académie de Berlin. Le Monarque,
content de ſes mœurs & de ſes ſervices, ne daigna
pas ſonger ſi La Métrie avait eu des opinions erro-
nées en théologie; il ne penſa qu'au Phyſicien,
à l'Académicien; & en cette qualité La Métrie
eut l'honneur que ce Héros philoſophe daignât faire
ſon éloge funéraire. Cet éloge fut lu à l'Académie
par un Sécrétaire de ſes commandements. Un Roi
gouverné par un Jéſuite eût pu proſcrire La Métrie
& ſa mémoire; un Roi qui n'était gouverné que
par la raiſon, ſépara le philoſophe de l'impie, &
laiſſant à Dieu le ſoin de punir l'impiété, protégea
& loua le mérite.

DU CURÉ MESLIER.

Le Curé Meslier est le plus singulier phénomene qu'on ait vu parmi tous ces météores funestes à la religion chrétienne. Il était Curé du village d'Etrepigni en Champagne près de Rocroi, & desservait aussi une petite paroisse annexe nommée But. Son pere était un ouvrier en serge du village de Mazerni dépendant du Duché de Réthel. Cet homme de mœurs irréprochables, & assidu à tous ses devoirs, donnait tout les ans aux pauvres de ses paroisses ce qui lui restait de son revenu. Il mourut en 1733 âgé de cinquante-cinq ans. On fut bien surpris de trouver chez lui trois gros manuscrits de trois cents soixante & six feuillets chacun, tous trois de sa main, & signés de lui, intitulés *mon Testament*. Il avait écrit sur un papier gris, qui enveloppait un des trois exemplaires adressés à ses paroissiens, ces paroles remarquables :

„ J'ai vu & reconnu les erreurs, les abus, les „ vanités, les folies, les méchantés des hommes. „ Je les hais & déteste ; je n'ai osé le dire pendant „ ma vie, mais je le dirai au moins en mourant ; „ & c'est afin qu'on le sache que j'écris ce présent „ mémoire, afin qu'il puisse servir de témoignage „ à la vérité à tous ceux qui le verront & qui le „ liront, si bon leur semble."

Le corps de l'ouvrage est une réfutation naïve & grossiere de tous nos dogmes, sans en excepter un seul. Le style est très rebutant, tel qu'on devait l'attendre d'un Curé de village. Il n'avait eu d'autre secours pour composer cet étrange écrit contre la Bible & contre l'Eglise, que la Bible elle-même & quelques peres. Des trois exemplaires il y en eut un que le grand-Vicaire de Rheims retint; un autre fut envoyé à Mr. le Garde des Sceaux Chauvelin; le troisieme resta au Greffe de la Justice du lieu. Le Comte de Cailus eut quelque temps entre les mains une de ces trois copies; & bientôt après il y en eut plus de cent dans Paris, que l'on

vendait dix Louis la piece. Plusieurs curieux con-
servent encore ce triste & dangereux monument.
Un prêtre qui s'accuse en mourant d'avoir professé
& enseigné la Religion Chrétienne, fit une im-
pression plus forte sur les esprits que les pensées
de Pascal.

On devait plutôt, ce me semble, réfléchir sur
le travers d'esprit de ce mélancolique prêtre, qui
voulait délivrer ses Paroissiens du joug d'une Religion prêchée vingt ans par lui-même. Pourquoi
adresser ce testament à des hommes agrestes qui
ne savaient pas lire? & s'ils avaient pu lire, pourquoi leur ôter un joug salutaire, une crainte nécessaire qui seule peut prévenir les crimes secrets?
La croyance des peines & des récompenses après
la mort est un frein dont le peuple a besoin. La
Religion bien épurée serait le premier lien de la
Société.

Ce Curé voulait anéantir toute Religion; & même la naturelle. Si son livre avait été bien fait,
le caractere dont l'Auteur était revêtu en aurait
trop imposé aux Lecteurs. On en a fait plusieurs
petits abrégés, dont quelques-uns ont été imprimés; ils sont heureusement purgés du poison de
l'Athéisme.

Ce qui est encore plus surprenant, c'est que dans
le même temps il y eut un Curé de Bonnenou-
velle auprès de Paris, qui osa de son vivant écrire
contre la Religion qu'il était chargé d'enseigner;
il fut exilé sans bruit par le Gouvernement. Son
manuscrit est d'une rareté extrême.

Longtemps avant ce temps-là l'Evêque du Mans
Lavardin avait donné en mourant un exemple non
moins singulier: il ne laissa pas à la vérité de testament contre la Religion qui lui avait procuré un
Evêché; mais il déclara qu'il la détestait; il refusa
les Sacrements de l'Eglise, & jura qu'il n'avait jamais consacré le pain & le vin en disant la Messe,
ni eu aucune intention de baptiser les enfans & de
donner les ordres, quand il avait baptisé des Chrétiens

tiens & ordonné des diacres & des prêtres. Cet
Evêque fe faifait un plaifir malin d'embarraffer
tous ceux qui auraient reçu de lui les Sacrements
de l'Églife : il riait en mourant des fcrupules qu'ils
auraient, & il jouiffait de leurs inquiétudes : on
décida qu'on ne rebaptiferait & qu'on ne réordon-
nerait perfonne ; mais quelques prêtres fcrupuleux
fe firent ordonner une feconde fois. Du moins
l'Evêque Lavardin ne laiffa point après lui de
monument contre la Religion Chrétienne : c'était
un voluptueux qui riait de tout ; au lieu que le
Curé Meflier était un homme fombre & un en-
thoufiafte, d'une vertu rigide, il eft vrai, mais
plus dangereux par cette vertu-même.

L E T T R E VIII.

SUR L'ENCYCLOPÉDIE.

Monfeigneur,

V Otre Alteffe demande quelques détails fur l'Encyclopédie ; j'obéis à vos ordres. Cet immenfe
projet fut conçu par Meffieurs Diderot & d'Alembert, deux Philofophes qui font honneur à la France ; l'un a été diftingué par les générofités de l'Impératrice de Ruffie, & l'autre par le refus d'une
fortune éclatante offerte par cette Impératrice, mais
que fa philofophie-même ne lui a pas permis d'ac-
cepter. Monfieur le Chevalier de Jaucourt, d'une
ancienne maifon qu'il illuftre par fes vaftes con-
naiffances comme par fes vertus, fe joignit à ces
deux Savants, & fe fignala par un travail infati-
gable.
Ils furent aidés par Mr. le Comte d'Hérouville,
Lieutenant-Général des armées du Roi, profon-

dément inftruit dans tous les arts qui peuvent tenir
à votre grand art de la guerre; par Mr. le Comte
de Treffan, auffi Lieutenant-Général, dont les différents mérites font univerfellement reconnus; par
Mr. de St. Lambert, ancien Officier, qui, en faifant des vers mieux que Chapelle, n'en a pas moins
approfondi ce qui regarde les armes. Plufieurs autres Officiers Généraux ont donné d'excellents mémoires de Tactique.

D'habiles Ingénieurs ont enrichi ce Dictionnaire
de tout ce qui concerne l'attaque & la défenfe des
places. Des Préfidents & des Confeillers des Parlements ont fourni plufieurs articles fur la Jurifpru-
dence. Enfin il n'y a point de fcience, d'art, de
profeffion, dont les plus grands maîtres n'aient à
l'envi enrichi ce Dictionnaire. C'eft le premier
exemple, & le dernier peut-être fur la terre, qu'une
foule d'hommes fupérieurs fe foient empreffés fans
aucun intérêt, fans aucune vue particuliere, fans
même celle de la gloire, (puifque quelques-uns fe
font cachés) à former ce dépôt immortel des con-
naiffances de l'efprit humain.

Cet ouvrage fut entrepris fous les aufpices &
fous les yeux du Comte d'Argenfon, Miniftre d'E-
tat capable de l'entendre, & digne de le protéger.
Le veftibule de ce prodigieux édifice eft un difcours préliminaire compofé par Mr. d'Alembert.
J'ofe dire hardiment que ce difcours, applaudi de
toute l'Europe, parut fupérieur à la méthode de
Defcartes, & égal à tout ce que l'illuftre Chancelier Bacon avait écrit de mieux. S'il y a dans le
corps de l'ouvrage des articles frivoles, & d'autres
qui fentent plutôt le déclamateur que le philofophe,
ce défaut eft bien réparé par la quantité prodigieufe d'articles profonds & utiles. Les éditeurs ne
purent refufer quelques jeunes gens, qui voulurent
dans cette collection mettre leurs effais à côté des
chefs-d'œuvre des maîtres; on laiffa gâter ce grand
ouvrage par politeffe; c'eft le falon d'Apollon, où
des peintres médiocres ont quelquefois mêlé leurs

tableaux à ceux des Vanlo & des Lemoine. Mais Votre Alteſſe a bien dû s'appercevoir en parcourant l'Encyclopédie, que cet ouvrage eſt préciſément le contraire des autres collections, c'eſt-à-dire, que le bon l'emporte de beaucoup ſur le mauvais.

Vous ſentez bien que dans une ville telle que Paris, plus remplie de gens de lettres que ne le furent jamais Athencs & Rome, ceux qui ne furent pas admis à cette entrepriſe importante s'éleverent contre elle. Les Jéſuites commence-rent; ils avaient voulu travailler aux articles de théologie, & ils avaient été refuſés. Il n'en fal-lait pas plus pour accuſer les Encyclopédiſtes d'irréligion; c'eſt la marche ordinaire. Les Jan-ſéniſtes, voyant que leurs rivaux ſonnaient l'allar-me, ne reſterent pas tranquilles : il fallait bien montrer plus de zele que ceux auxquels ils avaient tant reproché une morale commode.

Si les Jéſuites crierent à l'impiété, les Janſéniſtes hurlerent. Il ſe trouva un convulſionnaire, ou con-vulſioniſte, nommé Abraham Chaumeix, qui pré-ſenta à des magiſtrats une accuſation en forme, intitulée *Préjugés légitimes contre l'Encyclopédie*, dont le premier tome paraiſſait à peine; c'était un étrange aſſemblage que ces mots de *préjugé*, qui ſignifie proprement illuſion, & *légitime* qui ne convient qu'à ce qui eſt raiſonnable. Il pouſſa ſes préjugés très-illégitimes juſqu'à dire, que ſi le venin ne paraiſſait pas dans le premier volume, on l'ap-percevrait ſans doute dans les ſuivants. Il rendait les Encyclopédiſtes coupables, non pas de ce qu'ils avaient dit, mais de ce qu'ils diraient.

Comme il faut des témoins dans un procès cri-minel, il produiſait St. Auguſtin & Cicéron; & ces témoins étaient d'autant plus irréprochables, qu'on ne pouvait convaincre Abraham Chaumeix d'avoir eu avec eux le moindre commerce. Les cris de quelques énergumenes, joints à ceux de cet inſenſé, exciterent une aſſez longue perſécution; mais qu'eſt-il arrivé? la même choſe qu'à la ſaine philofophie, à l'émétique, à la circulation du fang, à l'inoculation : tout cela fut profcrit pendant quelque temps , & a triomphé enfin de l'ignorance, de la bêtife & de l'envie; le Dictionnaire Encyclopédique, malgré fes défauts, fubfifte, & Abraham Chaumeix eft allé cacher fa honte à Mofcou. On dit que l'Impératrice l'a forcé à être fage; c'eft un des prodiges de fon regne.

LETTRE IX.

SUR LES JUIFS.

DE tous ceux qui ont attaqué la Religion Chrétienne dans leurs écrits , les Juifs feraient peut-être les plus à craindre; & fi on ne leur oppofait pas les miracles de notre Seigneur Jéfus-Chrift, il ferait fort difficile à un favant médiocre de leur tenir tête. Ils fe regardent comme les fils ainés de la maifon, qui, en perdant leur héritage, ont confervé leurs titres. Ils ont employé une fagacité profonde à expliquer toutes les prophéties à leur avantage. Ils prétendent que la loi de Moyfe leur a été donnée pour être éternelle; qu'il eft impoffible que Dieu ait changé , & qu'il fe foit parjuré; que notre Sauveur lui-même en eft convenu. Ils nous objectent que, felon Jéfus-Chrift, aucun point, aucun ïota de la loi ne doit être tranfgreffé; que Jéfus était venu pour accomplir la loi, & non pour l'abolir; qu'il en a obfervé tous les commandements; qu'il a été circoncis; qu'il a gardé le fabbat, folemnifé toutes les fêtes; qu'il eft né Juif, qu'il a vécu Juif, qu'il eft mort Juif; qu'il n'a jamais inftitué une Religion nouvelle; que nous n'avons pas une feule ligne de lui; que c'eft nous , & non pas lui, qui avons fait la Religion Chrétienne.

Il ne faut pas qu'un Chrétien hazarde de difputer contre un Juif, à moins qu'il ne fache la langue Hébraïque comme fa langue maternelle : ce qui feul peut le mettre en état d'entendre les Prophéties & de répondre aux Rabbins. Voici comme s'exprime Jofeph Scaliger dans fes *Excerpta*. „ Les „ Juifs font fubtils. Que Juftin a écrit miférable„ ment contre Tryphon! & Tertullien plus mal „ encore! Qui veut réfuter les Juifs, doit connaî„ tre à fond le Judaïfme. Quelle honte! Les Chré„ tiens écrivent contre les Chrétiens, & n'ofent „ écrire contre les Juifs."

Le Toldos Jefchut eft le plus ancien Ecrit juif qui nous ait été tranfmis contre notre Religion. C'eft une vie de Jéfus-Chrift toute contraire à nos faints Evangiles : elle paraît être du premier fiecle, & même écrite avant les Evangiles ; car l'Auteur ne parle pas d'eux, & probablement il aurait tâché de les réfuter s'il les avait connus. Il fait Jéfus fils adultérin de Miriah ou Mariah & d'un foldat nommé Jofeph Pander : il raconte que lui & Judas voulurent chacun fe faire chef de Secte ; que tous deux femblaient opérer des prodiges par la vertu du nom de Jéhova, qu'ils avaient appris à prononcer comme il le faut pour faire les conjurations. C'eft un ramas de rêveries Rabbiniques fort au-deffous des mille & une nuits. Origene le réfuta ; & c'était le feul qui le pouvait faire ; car il fut prefque le feul Pere Grec favant dans la langue Hébraïque.

Les Juifs Théologiens n'écrivirent gueres plus raifonnablement jufqu'au onzieme fiecle : alors, éclairés par les Arabes devenus la feule nation favante, ils mirent plus de jugement dans leurs ouvrages. Ceux de Rabbin Aben-Efra furent très eftimés : il fut chez les Juifs le fondateur de la raifon, autant qu'on la peut admettre dans les difputes de ce genre. Spinofa s'eft beaucoup fervi de fes ouvrages.

Longtemps après Aben-Efra vint Maimonidès au treizieme fiecle : il eut encore plus de réputation.

L 3

Depuis ce temps-là jufqu'au feizieme les Juifs eurent des livres intelligibles, & par conféquent
dangereux; ils en imprimerent quelques-uns dès
la fin du fiecle quinzieme. Le nombre de leurs
manufcrits était confidérable. Les Théologiens
Chrétiens craignirent la féduction; ils firent brûler
les livres Juifs fur lefquels ils purent mettre la
main; mais ils ne purent ni trouver tous les livres, ni convertir jamais un feul homme de cette
Religion. On a vu, il eft vrai, quelques Juifs
feindre d'abjurer, tautôt par avarice, tantôt par
terreur; mais aucun n'a jamais embraffé le Chriftianifme de bonne foi: un Carthaginois aurait plutôt pris le parti de Rome, qu'un Juif ne fe ferait
fait Chrétien. Orobio parle de quelques Rabbins
Efpagnols & Arabes, qui abjurerent & devinrent
Evêques en Efpagne; mais il fe garde bien de
dire qu'ils euffent renoncé de bonne foi à leur
Religion.

Les Juifs n'ont point écrit contre le Mahomé-
tifme; ils ne l'ont pas à beaucoup près dans la
même horreur que notre doctrine: la raifon en
eft évidente; les Mufulmans ne font point un
Dieu de Jéfus-Chrift.

Par une fatalité qu'on ne peut affez déplorer,
plufieurs Savants Chrétiens ont quitté leur Religion pour le Judaïfme. Rittangel, Profeffeur des
langues orientales à Kœnigsberg dans le 17e. fiecle,
embraffa la loi Mofaïque. Antoine, Miniftre à
Geneve, fut brûlé pour avoir abjuré le Chriftianifme en faveur du Judaïfme en 1632. Les Juifs
le comptent parmi les matyrs qui leur font le plus
d'honneur. Il fallait que fa malheureufe perfuafion
fût bien forte, puifqu'il aima mieux fouffrir le plus
affreux fupplice que fe rétracter.

On lit dans le *Niffachon vetus*, c'eft-à-dire, le
livre de l'ancienne victoire, un trait concernant
la fupériçté de la loi Mofaïque fur la Chrétienne
& fur la Perfane, qui eft bien dans le goût orien-
tal. Un Roi ordonne à un Juif, à un Gali-

léen & à un Mahométan, de quitter chacun sa
Religion, & leur laisse la liberté de choisir une
des deux autres; mais s'ils ne changent pas, le
bourreau est là qui va leur trancher la tête. Le
Chrétien dit: Puisqu'il faut mourir ou changer,
j'aime mieux être de la Religion de Moyse que de
celle de Mahomet; car les Chrétiens sont plus
anciens que les Musulmans, & les Juifs plus anciens que Jésus; je me fais donc Juif. Le Mahométan dit: Je ne puis me faire chien de Chrétien; j'aime encore mieux me faire chien de Juif,
puisque ces Juifs ont le droit de primauté. Sire,
dit le Juif, Votre Majesté voit bien que je ne
puis embrasser ni la loi du Chrétien, ni celle du
Mahométan, puisque tous deux ont donné la pré-
férence à la mienne. Le Roi fut touché de cette
raison, renvoya son bourreau, & se fit Juif. Tout
ce qu'on peut inférer de cette historiette, c'est
que les Princes ne doivent pas avoir des bour-
reaux pour Apôtres.

Cependant les Juifs ont eu des docteurs rigides
& scrupuleux, qui ont craint que leurs compatriotes ne se laissassent subjuguer par les Chrétiens.
Il y a eu entr'autres un Rabbin nommé Beccai,
dont voici les paroles: *Les Sages défendent de
prêter de l'argent à un Chrétien, de peur que le
créancier ne soit corrompu par le débiteur. Mais un
Juif peut emprunteur d'un Chrétien sans crainte d'être
séduit par lui; car le débiteur évite toujours son
créancier.*

Malgré ce beau conseil, les Juifs ont toujours
prêté à une grosse usure aux Chrétiens, & n'en
ont pas été plus convertis.

Après le fameux Nissachon Vétus, nous avons
la relation de la dispute du Rabbin Zéchiel, & du
Dominicain frere Paul dit Ciriaque. C'est une conférence tenue entre ces deux savants hommes en
1263, en présence de Don Jaques Roi d'Arragon
& de la Reine sa femme. Cette conférence est
très-mémorable. Les deux Athletes étaient savants

L 4

dans l'hébreu & dans l'antiquité. Le Talmud, le Targum, les archives du Sanhédrin, étaient fur la table. On expliquait en Efpagnol les endroits conteftés. Zéchiel foutenait que Jéfus avait été condamné fous le Roi Alexandre Jannée, & non fous Hérode le Tétrarque, conformément à ce qui eft rapporté dans le Toldos Jefchut & dans le Thalmud. Vos Evangiles, difait-il, n'ont été écrits que vers le commencement de votre fecond fiecle, & ne font point authentiques comme notre Talmud : nous n'avionss pu crucifier celui dont vous nous parlez du temps d'Hérode le Tétrarque., puifque nous n'avions pas alors le droit du glaive : nous ne pouvons l'avoir crucifié, puifque ce fupplice n'était point en ufage parmi nous : notre Talmud porte, que celui qui périt du temps de Jannée fut condamné à être lapidé : nous ne pouvons pas plus croire vos Evangiles, que les Lettres prétendues de Pilate que vous avez fuppofées. Il était aifé de renverfer cette vaine érudition Rabbinique. La Reine finit la difpute en demandant aux Juifs pourquoi ils puaient.

Ce même Zéchiel eut encore plufieurs autres conférences, dont un de fes difciples nous rend compte. Chaque parti s'attribua la victoire, quoiqu'elle ne pût être que du côté de la vérité.

Le *rempart de la foi*, écrit par un Juif nommé Ifaac, trouvé en Afrique, eft bien fupérieur à la relation de Zéchiel, qui eft très-confufe, & remplie de puérilités. Ifaac eft méthodique & très-bon dialecticien : jamais l'erreur n'eut peut-être un plus grand appui. Il y a raffemblé, fous cent propofitions, toutes les difficultés que les incrédules ont prodiguées depuis.

C'eft-là qu'on voit les objections contre les deux Généalogies de Jéfus-Chrift, qui font différentes l'une de l'autre ; contre toutes les citations de paffages des Prophetes qui ne fe trouvent point dans les livres Juifs; contre la divinité de Jéfus-Chrift, qui n'eft pas expreffément annoncée dans les Evan-

giles, mais qui n'en eſt pas moins prouvée par les
ſaints Conciles; contre l'opinion que Jéſus n'avait
point de freres ni de ſœurs; contre les différentes relations des Evangeliſtes, que l'on a cependant
conciliées; contre l'hiſtoire de Lazare; contre les
prétendues falſifications des anciens livres canoniques.
Enfin les incrédules les plus déterminés n'ont
preſque rien allégué qui ne ſoit dans ce *rempart de
la foi* du Rabbin Iſaac. On ne peut faire un crime
aux Juifs d'avoir eſſayé de ſoutenir leur antique
Religion aux dépens de la nôtre; on ne peut que
les plaindre: mais quels reproches ne doit-on pas
faire à ceux qui ont profité des diſputes des Chrétiens & des Juifs pour combattre l'une & l'autre
Religion! Plaignons ceux qui, effrayés de dix-ſept
ſiecles de contradictions, & laſſés de tant de diſputes, ſe ſont jettés dans le Théiſme, & n'ont
voulu admettte qu'un Dieu avec une morale pure.
S'ils ont conſervé la charité, ils ont abandonné
la foi; ils ont cru être hommes au lieu d'être
Chrétiens. Ils devaient être ſoumis; & ils n'ont
aſpiré qu'à être ſages. Mais combien la folie de
la croix eſt-elle ſupérieure à cette ſageſſe! comme
dit l'Apôtre Paul.

D'OROBIO.

Orobio était un Rabbin ſi ſavant, qu'il n'avait
donné dans aucune des rêveries qu'on reproche à
tant d'autres Rabbins; profond ſans être obſcur,
poſſédant les Belles-Lettres, homme d'un eſprit a-
gréable, & d'une extrême politeſſe. Philippe Limborch, Théologien du parti des Arminiens dans
Amſterdam, fit connoiſſance avec lui vers l'an
1685: ils diſputerent longtemps enſemble, mais
ſans aucune aigreur, & comme deux amis qui
veulent s'éclairer. Les converſations éclairciſſent
bien rarement les ſujets qu'on traite; il eſt difficile de ſuivre toujours le même objet, & de ne pas
s'égarer; une queſtion en amene une autre. On

eſt tout étonné, au bout d'un quart d'heure, de ſe trouver hors de ſa route. Ils prirent le parti de mettre par écrit les objections & les réponſes, qu'ils firent enſuite imprimer tous deux en 1687. C'eſt peut-être la premiere diſpute entre deux Théologiens dans laquelle on ne ſe ſoit pas dit des injures; au contraire, les deux adverſaires ſe traitent l'un & l'autre avec reſpect.

Limborch réfute les ſentiments du très-ſavant & très-illuſtre Juif, qui réfute avec les mêmes formules les opinions du très-ſavant & très-illuſtre Chrétien. Orobio même ne parle jamais de Jéſus-Chriſt qu'avec la plus grande circonſpection. Voici le précis de la diſpute.

Orobio ſoutient d'abord, que jamais il n'a été ordonné aux Juifs par leur loi de croire à un Meſſie.

Qu'il n'y a aucun paſſage dans l'ancien Teſtament qui faſſe dépendre le ſalut d'Iſraël de la foi au Meſſie.

Qu'on ne trouve nulle part qu'Iſraël ait été menacé de n'être plus le peuple choiſi s'il ne croyait pas au futur Meſſie.

Que dans aucun endroit il n'eſt dit que la loi Judaïque ſoit l'ombre & la figure d'une autre loi; qu'au contraire il eſt dit par-tout que la loi de Moyſe doit être éternelle.

Que tout Prophete même, qui ferait des miracles pour changer quelque choſe à la loi Moſaïque, devait être puni de mort

Qu'à la vérité quelques Prophetes ont prédit aux Juifs, dans leurs calamités, qu'ils auraient un jour un libérateur; mais que ce libérateur ferait le ſoutien de la loi Moſaïque, au lieu d'en être le deſtructeur.

Que les Juifs attendent toujours un Meſſie, lequel ſera un Roi puiſſant & juſte.

Qu'une preuve de l'immutabilité éternelle de la Religion Moſaïque, c'eſt que les Juifs, diſperſés ſur toute la terre, n'ont jamais cependant changé une feule virgule à leur loi, & que les Iſraëlites de Rome, d'Angleterre, de Hollande, d'Allemagne, de Pologne, de Turquie, de Perſe, ont conſtamment tenu la même doctrine depuis la priſe de Jéruſalem par Titus, ſans que jamais il ſe ſoit élevé parmi eux la plus petite Secte qui ſe ſoit écartée d'une ſeule obſervance & d'une ſeule opinion de la nation Iſraëlite.

Qu'au contraire, les Chrétiens ont été diviſés entre eux dès la naiſſance de leur Religion.

Qu'ils ſont encore partagés en beaucoup plus de Sectes qu'ils n'ont d'Etats, & qu'ils ſe ſont pourſuivis à feu & à ſang les uns les autres pendant plus de douze ſiecles entiers; que ſi l'Apôtre Paul trouva bon que les Juifs continuaſſent à obſerver tous les préceptes de leur loi, les Chrétiens d'aujourd'hui ne devaient pas leur reprocher de faire ce que l'Apôtre Paul leur a permis.

Que ce n'eſt point par haine & par malice qu'Iſraël n'a point reconnu Jéſus; que ce n'eſt point par des vues baſſes & charnelles que les Juifs ſont attachés à leur loi ancienne; qu'au contraire, ce n'eſt que dans l'eſpoir des biens céleſtes qu'ils lui ſont fideles, malgré les perſécutions des Babyloniens, des Syriens, des Romains, malgré leur diſperſion & leur opprobre, malgré la haine de tant de nations; & que l'on ne doit point appeller charnel un peuple entier, qui eſt le martyr de Dieu depuis près de quarante ſiecles.

Que ce ſont les Chrétiens qui ont attendu des biens charnels: témoins preſque tous les premiers peres de l'Egliſe, qui ont eſpéré de vivre mille ans dans une nouvelle Jéruſalem au milieu de l'abondance & de toutes les délices du corps.

Qu'il eſt impoſſible que les Juifs aient crucifié le vrai Meſſie, attendu que les Prophetes diſent expreſſément, que le Meſſie viendra purger Iſraël de tout péché, qu'il ne laiſſera pas une ſeule ſouillure en Iſraël; que ce ſerait le plus horrible péché & la plus abominable ſouillure, ainſi que la contradiction la plus palpable, que Dieu envoyât son Messie pour être crucifié.

Que les préceptes du Décalogue étant parfaits, toute nouvelle mission était entierement inutile.

Que la loi Mosaïque n'a jamais eu aucun sens mystique.

Que ce serait tromper les hommes, de leur dire des choses que l'on devrait entendre dans un sens différent de celui dans lequel elles ont été dites.

Que les Apôtres Chrétiens n'ont jamais égalé les miracles de Moyse.

Que les Evangelistes & les Apôtres n'étaient point des hommes simples, puisque Luc était médecin, que Paul avait étudié sous Gamaliel, dont les Juifs ont conservé les écrits.

Qu'il n'y avait point du tout de simplicité ni d'idiotisme à se faire apporter tout l'argent de leurs néophytes; que Paul, loin d'être un homme simple, usa du plus grand artifice en venant sacrifier dans le Temple, & en jurant devant Festus & Agrippa qu'il n'avait rien fait contre la circoncision & contre la loi du Judaïsme.

Qu'enfin les contradictions, qui se trouvent dans les Evangiles, prouvent que ces livres n'ont pu être inspirés de Dieu.

Limborch répond à toutes ces assertions par les arguments les plus forts que l'on puisse employer. Il eut tant de confiance dans la bonté de sa cause, qu'il ne balança pas à faire imprimer cette célebre dispute. Mais comme il était du parti des Arminiens, celui des Gomaristes le persécuta: on lui reprocha d'avoir exposé les vérités de la Religion Chrétienne à un combat dont ses ennemis pourraient triompher. Orobio ne fut point persécuté dans la Synagogue.

D'URIEL ACOSTA.

Il arriva à Uriel Acosta dans Amsterdam à peu près la même chose qu'à Spinosa: il quitta dans

Amfterdam le Judaïfme pour la Philofophie. Un Efpagnol & un Anglais s'étant adreffés à lui pour fe faire Juifs, il les détourna de ce deffein, & leur parla contre la Religion des Hébreux : il fut condamné à recevoir trente-neuf coups de fouet à la colonne, & à fe profterner enfuite fur le feuil de la porte ; tous les affiftants pafferent fur fon corps.

Il fit imprimer cette avanture dans un petit livre que nous avons encore ; & c'eft là qu'il profeffe n'être ni Juif, ni Chrétien, ni Mahométan, mais adorateur d'un Dieu.   Son petit livre eft intitulé : *Exemplaire de la vie humaine*.   Le même Limborch réfuta Uriel Acofta, comme il avait réfuté Orobio ; & le Magiftrat d'Amfterdam ne fe mêla en aucune maniere de ces querelles.

LETTRE X.

SUR SPINOSA.

Monfeigneur,

IL me femble qu'on a fouvent auffi mal jugé la perfonne de Spinofa que fes ouvrages.   Voici ce ce qu'on dit de lui dans deux Dictionnaires hiftoriques.

„ Spinofa avait un tel defir de s'immortalifer, „ qu'il eût facrifié volontiers à cette gloire la vie „ préfente, eût-il fallu être mis en pieces par un „ peuple mutiné : les abfurdités du Spinofifme ont „ été parfaitement réfutées par Jean Brédembourg „ Bourgeois de Roterdam."

Autant de mots autant de fauffetés.   Spinofa était précifément le contraire du portrait qu'on trace de lui.   On doit détefter fon Athéifme ; mais on ne doit pas mentir fur fa perfonne.

Jamais homme ne fut plus éloigné en tout fens
de la vaine gloire, il le faut avouer; ne le calom-
nions pas en le condamnant. Le Miniftre Colerus,
qui habita longtemps la propre chambre où Spinofa
mourut, avoue avec tous fes contemporains, que
Spinofa vécut toujours dans une profonde retraite,
cherchant à fe dérober au monde, ennemi de toute
fuperfluité, modefte dans la converfation, négligé
dans fes habillements, travaillant de fes mains,
ne mettant jamais fon nom à aucun de fes ouvrages: ce n'eft pas là le caractere d'un ambitieux de
gloire.

A l'égard de Bredembourg, loin de le réfuter
parfaitement bien, j'ofe croire qu'il le réfuta parfaitement mal: j'ai lu cet ouvrage, & j'en laiffe
le jugement à quiconque, comme moi, aura la patience de le lire. Bredembourg fut fi loin de confondre nettement Spinofa, que lui-même effrayé
de la faibleffe de fes réponfes, devint malgré lui le
difciple de celui qu'il avait attaqué : grand exemple de la mifere & de l'inconftance de l'efprit humain.

La vie de Spinofa eft écrite affez en détail,
& affez connue pour que je n'en rapporte rien ici.
Que Votre Alteffe me permette feulement de faire
avec elle une réflexion fur la maniere dont ce Juif,
jeune encore, fut traité par la Synagogue. Accufé
par deux jeunes gens de fon âge de ne pas croire
à Moyfe, on commença, pour le remettre dans
le bon chemin, par l'affaffiner d'un coup de couteau au fortir de la Comédie; quelques-uns difent
au fortir de la Synagogue; ce qui eft plus vraifemblable.

Après avoir manqué fon corps, on ne voulut
pas manquer fon ame; il fut procédé à l'excommunication majeure, au grand anathême, au
Chammata. Spinofa prétendit que les Juifs n'é-
taient pas en droit d'exercer cette efpece de jurifdiction dans Amfterdam. Le Confeil de Ville renvoya la décifion de cette affaire au Confiftoire des

Pafteurs: ceux-ci conclurent, que fi la Synagogue avait ce droit, le Confiftoire en jouirait à plus forte raifon; le Confiftoire donna gain de caufe à la Synagogue.

Spinofa fut donc profcrit par les Juifs avec la grande cérémonie: le chantre Juif entonna les paroles d'exécration; on fonna du cor; on renverfa goutte à goutte des bougies noires dans une cuve pleine de fang; on dévoua Benoit Spinofa à Belzébuth, à Sathan & à Aftaroth; & toute la Synagogue cria amen!

Il eft étrange qu'on ait permis un tel acte de jurifdiction, qui reffemble plutôt à un Sabbat de forciers qu'à un jugement integre. On peut croire que fans le coup de couteau, & fans les bougies noires éteintes dans le fang, Spinofa n'eût jamais écrit contre Moyfe & contre Dieu. La perfécution irrite; elle enhardit quiconque fe fent du génie; elle rend irréconciliable celui que l'indulgence aurait retenu.

Spinofa renonça au Judaïfme, mais fans fe faire jamais Chrétien. Il ne publia fon traité des cérémonies fuperftitieufes, autrement *Tractatus Théologico-politicus*, qu'en 1670, environ huit ans après fon excommunication. On a prétendu trouver dans ce livre les femences de fon Athéifme, par la même raifon qu'on trouve toujours la phyfionomie mauvaife à un homme qui a fait une méchante action. Ce livre eft fi loin de l'Athéifme, qu'il y eft fouvent parlé de Jéfus-Chrift comme de l'envoyé de Dieu. Cet ouvrage eft très-profond, & le meilleur qu'il ait fait; j'en condamne fans doute les fentiments, mais je ne puis m'empêcher d'en eftimer l'érudition. C'eft lui, ce me femble, qui a remarqué le premier que le mot Hébreu *Ruhag*, que nous traduifons par *ame*, fignifiait chez les Juifs le vent, le foufle, dans fon fens naturel: que tout ce qui eft grand portait le nom de divin; les cedres de Dieu; les vents de Dieu; la mélancolie de Saül, mauvais esprit de Dieu; les hommes vertueux, enfants de Dieu.

C'est lui qui le premier a développé le dangereux système d'Aben-Esra, que le Pentateuque n'a point été écrit par Moyse, ni le livre de Josué par Josué: ce n'est que d'après lui que Le Clerc, plusieurs Théologiens de Hollande, & le célebre Newton, ont embrassé ce sentiment.

Newton differe de lui seulement en ce qu'il attribue à Samuel les livres de Moyse; au lieu que Spinosa en fait Esdras auteur. On peut voir toutes les raisons que Spinosa donne de son système dans son 8, 9 & 10e. chapitre; on y trouve beaucoup d'exactitude dans la Chronologie; une grande science de l'histoire, du langage & des mœurs de son ancienne patrie; plus de méthode & de raisonnement que dans tous les Rabbins ensemble. Il me semble que peu d'écrivains avant lui avaient prouvé nettement, que les Juifs reconnaissent des Prophetes chez les Gentils: en un mot, il a fait un usage coupable de ses lumieres; mais il en avait de très-grandes.

Il faut chercher l'Athéisme dans les anciens Philosophes; on ne le trouve à découvert que dans les Oeuvres posthumes de Spinosa. Son traité de l'Athéisme n'étant point sous ce titre, & étant écrit dans un Latin obscur, & d'un stile très-sec, Mr. le Comte de Boulainvilliers l'a réduit en Français sous le titre de Réfutation de Spinosa: nous n'avons que le poison; Boulainvilliers n'eut pas le temps apparemment de donner l'antidote.

Peu de gens ont remarqué que Spinosa, dans son funeste livre, parle toujours d'un Être infini & suprême; il annonce Dieu en voulant le détruire. Les arguments dont Bayle l'accable me paraîtraient sans replique, si en effet Spinosa admettait un Dieu; car ce Dieu n'étant que l'immensité des choses, ce Dieu étant à la fois la matiere & la pensée, il est absurde, comme Bayle l'a très-bien

prou-

prouvé, de fuppofer que Dieu foit à la fois agent
& patient, caufé & fujet, faifant le mal & le
fouffrant, s'aimant, fe haïffant lui-même, fe tuant,
fe mangeant. Un bon efprit, ajoute Bayle, aime-
rait mieux cultiver la terre avec les dents & les
ongles, que de cultiver une hypothefe auffi cho-
quante & auffi abfurde; car, felon Spinofa, ceux
qui difent, les Allemands ont tué dix mille Turcs,
parlent mal & fauffement; ils doivent dire, Dieu
modifié en dix mille Allemands a tué Dieu modifié en dix mille Turcs.

Bayle a très-grande raifon fi Spinofa reconnaît
un Dieu; mais le fait eft qu'il n'en reconnaît point
du tout, & qu'il ne s'eft fervi de ce mot facré que
pour ne pas trop effaroucher les hommes.

Entêté de Defcartes, il abufe de ce mot également célebre & infenfé de Defcartes: *donnez-moi*
du mouvement & de la matiere, & je vais former
un monde.

Entêté encore de l'idée incompréhenfible & anti-
phyfique, que tout eft plein, il s'eft imaginé qu'il
ne peut exifter qu'une feule fubftance, un feul pouvoir, qui raifonne dans les hommes, fent & fe fouvient dans les animaux, étincelle dans le feu, coule
dans les eaux, roule dans les vents, gronde dans
le tonnerre, végete fur la terre, eft étendu dans
tout l'efpace.

Selon lui, tout eft néceffaire, tout eft éternel;
la création eft impoffible; point de deffein dans la
ftructure de l'univers, dans la permanence des efpeces & dans la fucceffion des individus. Les oreilles
ne font plus faites pour entendre, les yeux pour
voir, le cœur pour recevoir & chaffer le fang,
l'eftomac pour digérer, la cervelle pour penfer,
les organes de la génération pour donner la vie;
& des deffeins divins ne font que les effets d'une
néceffité aveugle.

Voilà au jufte le fyftême de Spinofa. Voilà,
je crois, les côtés par lefquels il faut attaquer la
citadelle; citadelle bâtie (fi je ne me trompe)

M

fur l'ignorance de la phyfique, & fur l'abus le plus monftrueux de la métaphyfique.

Il femble, & on doit s'en flatter, qu'il y ait aujourd'hui peu d'athées. L'auteur de la Henriade a dit : *un catéchifte annonce Dieu aux enfans, & Newton le démontre aux Sages.* Plus on connaît la nature, plus on adore fon auteur.

L'athéifme ne peut faire aucun bien à la morale, & peut lui faire beaucoup de mal. Il eft prefque aufli dangereux que le fanatifme. Vous êtes, Monfeigneur, également éloigné de l'un & de l'autre; & c'eft ce qui autorife la liberté que j'ai prife de mettre la vérité fous vos yeux fans aucun déguifement. J'ai répondu à toutes vos queftions, depuis ce boufon favant de Rabelais, jufqu'au téméraire métaphyficien Spinofa.

J'aurais pu joindre à cette lifte une foule de petits livres qui ne font gueres connus que des bibliothécaires; mais j'ai craint qu'en multipliant le nombre des coupables je ne paruffe diminuer l'iniquité. J'efpere que le peu que j'ai dit affermira Votre Alteffe dans fes fentimens pour nos dogmes & pour nos Ecritures, quand Elle verra qu'elles n'ont été combattues que par des Stoïciens entêtés, par des Savants enflés de leur fcience, par des gens du monde qui ne connaiffent que leur vaine raifon, par des plaifants qui prennent des bons mots pour des arguments, par des Théologiens enfin qui, au lieu de marcher dans les voies de Dieu, fe font égarés dans leurs propres voies.

Encore une fois, ce qui doit confoler une ame aufli noble que la vôtre, c'eft que le Théifme, qui perd aujourd'hui tant d'ames, ne peut jamais nuire ni à la paix des Etats, ni à la douceur de la Société. La controverfe a fait couler par-tout le fang, & le Théifme l'a étanché. C'eft un mauvais remede, je l'avoue; mais il a guéri les plus cruelles bleffures. Il eft excellent pour cette vie, s'il eft déteftable pour l'autre. Il damne furement fon homme; mais il le rend paifible.

Votre pays a été autrefois en feu pour des arguments; le Théifme y a porté la concorde. Il eſt clair que fi Poltrot, Jaques Clément, Jaurigni, Baltafar Gérard, Jean Chatel, Damien, le Jéfuite Malagrida, &c. &c. &c. avaient été des Théiſtes, il y aurait eu moins de Princes affaffinés.

A Dieu ne plaiſe que je veuille préférer le Théiſme à la ſainte Religion des Ravaillacs, des Damiens, des Malagrida, qu'ils ont méconnue & outragée! Je dis feulement qu'il eſt plus agréable de vivre avec des Théiſtes, qu'avec des Ravaillacs & des Brinvilliers qui vont à confeſſe; & fi Votre Alteſſe n'eſt pas de mon avis, j'ai tort.

FIN.

www.ingramcontent.com/pod-product-compliance
Lightning Source LLC
Chambersburg PA
CBHW072019080426

42733CB00010B/1752